Krimi-Anthologie

Britt Älling, Sarah Drews, Peter Futterschneider,
Hans-Ulrich Rinkelsbach, Martina Türschmann,
Anna K. Wilhelm, Sascha Zurawczak,
Marion von Vlahovits

Verbrecherjagd

vor

Mitternacht

Krimi-Anthologie

KELEBEK
VERLAG

Impressum:

Autoren im Anhang
Cover: Michael Remus Gölß
Lektorat: Carolin Olivares
Kelebek Verlag, Inh. Maria Schenk, Franzensbaderstr. 6,
86529 Schrobenhausen
ISBN 978-3-947083-72-5
Druck und Vertrieb BoD
Bibliografische Information der Deutschen Nationalbibliothek
Die Deutsche Nationalbibliothek verzeichnet diese Publikation in der Deutschen National-bibliografie; detaillierte bibliografische Daten sind im Internet über http://dnb.d-nb.de abrufbar.

Inhaltsverzeichnis

Tod eines Jägers

von Britt Älling

„Papa, schau mal! Da!“ Franzi fuchtelt mit der Zeitung vor Sebastians Nase herum. „Den Huber-Lois haben sie gefunden – tot, auf dem Jägerstand.“ Ihre sowieso schon helle Stimme überschlägt sich.
Sebastian nimmt die Lokalzeitung von Altdorf mit ruhiger Hand an sich. Sein Alterszittern ist verschwunden wie immer, wenn er eine zielgerichtete Bewegung macht. Betont gelassen breitet er das Blatt vor sich aus. Eine einfache Nachricht, einspaltig. Und wirklich - da steht es. Der Huber-Lois, sein alter Feind, ist tot.
Hörbar und lange atmet er aus. „Es gibt doch noch Gerechtigkeit auf dieser Welt“, flüstert er mit einem zufriedenen Lächeln.
„Das ist jetzt aber nicht nett“, ereifert sich Franzi. Der empörte Blick seiner Tochter brennt förmlich auf seinem Gesicht. „Man darf doch niemandem den Tod wünschen.“
„Der hat meinen Hund auf dem Gewissen! Das hat er schon verdient“, antwortet er schnippisch. „Unschuldige Tiere aus purer Mordlust hinrichten! Mir tut´s nicht leid, dass er nicht mehr unter uns weilt.“ Streitlustig blickt er Franzi direkt in die Augen. „Denk mal an die arme Freya -erschossen und

irgendwo verscharrt. Und wer wars? Der Huber-Lois!“

„Das weißt du nicht, Papa. Ich bin auch traurig, dass Freya weg ist. Vor allem weiß ich gar nicht, wie du ohne sie zurechtkommen sollst. Aber …“

„Er hat doch vor seiner ganzen Entourage gesagt, dass er es tun wird“, schneidet Sebastian ihr das Wort ab. „Als das arme Tier von den Schüssen erschreckt davongerannt ist, da hat er mir hinterhergebrüllt, dass er abdrückt, sobald sie ihm vor seine Flinte läuft.“

„Das war eine schlimme Geschichte“, pflichtet sie ihm bei. „Aber glaubst du nicht, dass er es gemeldet hätte? Vor allem hätte er doch öffentlich damit geprahlt. Und in der Zeitung hätte so etwas gestanden wie: wildernder Hund in Altdorf erschossen.“

„Papperlapapp. Der weiß genau, dass es für die Familie viel schlimmer ist, wenn sie nicht weiß, wo das Tier abgeblieben ist. Genau das wollte er doch. Außerdem darf er keinen Hund einfach so erschießen, wenn das Tier nicht jagt. Da ist er bestimmt auf Nummer Sicher gegangen, der Lois, und hat es heimlich getan.“ Er knurrt. „Was sonst könnte denn passiert sein? Der Hund ist weg“, schimpft er und kratzt sich dabei hörbar am Kinn.

Zum Rasieren hat es die letzten Tage nicht gereicht. Mit dem Lois hat er kein Mitleid. So gelassen wie möglich nimmt er eine Breze aus dem Brotkorb und beschmiert sie mit Leberwurst. Ach, wie hat Freya Leberwurst geliebt, denkt er wehmütig. Nein, es ist schon richtig, dass der Lois tot ist. Nach einem tiefen Seufzen nimmt er einen Schluck Kaffee. Dann beißt er wütend in die Leberwurstbreze.

Geradezu glühend bohrt sich Franzis Blick in sein Gesicht, das spürt er genau. Doch er sieht nicht hoch. Seltsamerweise wird er davon nicht nervös. Mit einem weiteren Schluck Kaffee spült er den Bissen hinunter. Erneut greift er nach der Zeitung und überfliegt die Meldung noch einmal.

„Mei, schau! Direkt auf seinem Stand ist er zusammengebrochen. Das geschieht ihm recht. Harmlose Tiere ermorden zum Vergnügen. Eine Schande ist das!“

„Du, Papa, zur Beerdigung müssen wir schon gehen. Wer weiß, was die Leute sonst denken, nach der Anzeige neulich.“ Franzi stützt den Kopf in eine Hand. Dann zieht sie eine Schnute und sieht ihrem Vater direkt in die Augen. „Aber richtig leid tut´s mir auch nicht.“

Er tut so, als ob er in die Zeitung vertieft wäre. Die Treibjagd im Autal ist erst ein paar Tage her. Jetzt darf er sich nichts anmerken lassen.

Diese verdammten Jäger! Wieder einmal hatten sie eine ihrer Treibjagden im Autal abgehalten, ohne Warnschilder aufzustellen, spult seine innere Stimme automatisch die Sätze ab, die sich in seinem

Kopf festgebissen haben. Egal, ob beim Bäcker oder beim Einkaufen - jeder bekommt das von ihm zu hören und denken kann er auch kaum etwas anderes. Während er sich hinter den großen Zeitungsblättern versteckt und ins Leere stiert, hat er den Tag der Auseinandersetzung mit dem Lois klar vor Augen.
Er ging mit seiner Freya den Spazierweg lang. Die Maisfelder standen hoch und um die engen Kurven konnte man nichts sehen. Sein Hund war so fröhlich an diesem Tag. Geschnüffelt hat sie überall und immer wieder hüpfte sie vor Freude los. Zwischendurch kam sie schwanzwedelnd zu ihm zurück und holte sich ein Leckerli.
Plötzlich fielen die Schüsse und er hörte laute Stimmen. Eine Mannschaft Jäger tauchte nach einer unübersichtlichen Kurve direkt vor ihm auf. Pures Glück war es, dass sie ihn nicht getroffen hatten, so wild, wie die herumballerten. Freya war nicht angeleint und lief sofort davon – mitten hinein in den hohen Mais. Sebastian verkniff sich ein Seufzen. Natürlich war unter all den Jägern auch der Huber-Lois - quasi als Mittelpunkt der Truppe. Nachdem er den ersten Schreck überwunden hatte, stob er wutentbrannt auf seinen Feind zu.
„Elendiger Mistkerl! Zipfel!“, brüllte er.
„Ihr könnt´s doch hier keine Treibjagd veranstalten, ohne Schilder aufzustellen!“

Dabei packte er den Lois an seinem albernen Halstuch und zog ihn zu sich. Das ließ der sich natürlich nicht bieten. Schon war eine zünftige Schlägerei im Gange. Doch die Jägerspezis vom Lois trennten ihn ganz schnell von dem Mistkerl. Natürlich hatten sie auch einen Handyfilm gedreht und gingen damit zur Polizei.

Jetzt wird gegen ihn wegen Körperverletzung ermittelt. Der Huber-Lois und seine Spießgesellen sind natürlich leer ausgegangen. Am schlimmsten aber ist, dass Freya nicht mehr zurückkam. Schon immer hat sie Angst vor Schüssen gehabt, ob beim Gassigehen oder beim leidigen Geböller an Sylvester.

„Deinen ungezogenen Köter knall ich ab, sobald er mir vor die Flinte kommt“, brüllte der Huber-Lois ihm nach.

Er suchte alles ab, nachdem Freya weggelaufen war - stundenlang. Keine Spur der Retriever-Hündin. Er durchkämmte das Maisfeld - immer wieder. Die Jäger waren weitergezogen und noch lange hörte er das Hallen ihrer Schüsse. Jedes Mal brach ihm der Schweiß aus. Kalt ist es irgendwann geworden und dann dunkel. Da ging er nach Hause, holte Leberwurst und eine Taschenlampe und suchte die ganze Nacht weiter. Doch Freya blieb verschwunden.

Die Erinnerung an den Tag tut Sebastian nicht gut. Ihm wird heiß. Wie Lava fließt die Wut aus seiner Brust weiter nach oben.
„Franzi, ich sag‘s dir noch mal! Der Lois hat meine Freya auf dem Gewissen“, zischt er schließlich hinter seinen Zeitungsblättern hervor.
Seine Tochter sieht ihn mit großen Augen an. „Ich vermisse sie auch. Es ist furchtbar! Aber der Lois ist jetzt tot. Da beißt die Maus keinen Faden ab und Freya bringt das auch nicht zurück.“ Klirrend stapelt sie die Teller übereinander und bringt sie in die Küche. „Ich muss jetzt zur Arbeit“, ruft sie laut zu ihm herüber. „Bis heute Abend, Papa.“
Eigentlich wohnt sie in der Stadt und besucht ihn nur ab und zu am Wochenende. Doch nachdem Freya verschollen war, ist sie für ein paar Tage zu ihm gezogen. Vermutlich weiß sie, wie sehr er an seinem Hund hängt und will ihm in der schweren Zeit ein bisschen beistehen. Sie hat sich nicht einmal die Mühe gemacht, sich irgendeinen Vorwand für den Besuch auszudenken.
Mit seiner Tochter zusammen hat er ein gutes Foto von Freya herausgesucht und überall Zettel mit den Kontaktdaten von Sebastian Grundlinger aufgehängt. Während Franzi in allen erdenklichen Gruppen der sozialen Medien gepostet hat, telefonierte er die Tierheime der Umgebung ab.

Irgendwann gab es nichts mehr zu tun. Trotzdem suchte er immer noch jeden Tag Spazierwege und Straßen nach seinem Hund ab. Während der vielen einsamen Stunden draußen schlug das Entsetzen und die Kälte, die er fühlte, in Wut um.

Eigentlich ist er ja ein friedlicher Mensch. Jeden Regenwurm, den er auf der Straße findet, hebt er auf und setzt ihn zurück ins Gras. Keiner Fliege kann er etwas zuleide tun. Er fängt sie, wenn sie um sein Wurstbrot kreist, und bringt sie nach draußen. Doch der Lois hat es geschafft, aus ihm einen Wutbürger zu machen.

Er und der Lois sind alte Feinde. Früher, noch in den Achtzigern, als der Lois dachte, er sei Alleinherrscher im Altdorfer Wald, hat er Sebastian einmal mit seiner Flinte bedroht. Das war ihr erstes Zusammentreffen.

Schleichen solle er sich aus dem Wald, drohte der Lois und fuchtelte mit der Flinte. Sonst würde er, der Huber-Lois, schon abhelfen! Das könnte auch mal böse ausgehen! So hat er weiter gezetert.

Sein Bluthochdruckgesicht glühte dabei noch röter als sonntags beim Unterwirt, wenn er mit seinen Spezl´n vor einem Schweinsbraten sitzt und inoffizielle Gemeinderatssitzungen abhält.

Damals bei ihrem ersten Treffen stellte Sebastian sich direkt vor seine Flinte und wies ihn kühl auf das bayerische Recht auf freien Zugang zur Natur

hin. Innerlich hat er gekocht, doch er war gegen Gewalt. Der Lois zog dann wutschnaubend ab.
Immer öfter dachte Sebastian in den letzten Tagen bei seiner vergeblichen Suche nach Freya an die vielen unschönen Zusammentreffen mit dem Huber-Lois. Am vierten Tag nach Freyas Verschwinden durchquerte er gerade den Fußgängertunnel, der von Altdorf unter der Eichenallee ins nahe gelegene Naturschutzgebiet führt. Wieder waren seine Gedanken mit dem Lois beschäftigt.
Da fiel sein Blick auf ein Graffiti. *Ausländer fickt euch*, stand da in roten Lettern. Nach unten hin lief die Farbe der Buchstaben aus, was schauerlich aussah. Es wirkte wie eine Blutspur. Ein Mitarbeiter der Gemeinde in einem orangenen Anzug war damit beschäftigt, die Schrift mühsam weg zu rubbeln. *GBL*, dachte er in diesem Moment und musste grinsen.
Als pensioniertem Malermeister ist ihm die Substanz gut bekannt - ein hervorragendes Lösungsmittel, perfekt gegen jede Art von Geschmiere. Leicht zu bekommen und der chemischen Schwester, die bei dem Gesocks der Unterwelt sehr beliebt ist, so ähnlich, dass man es für den gleichen Zweck verwenden kann.
Der Tag der Rache wird kommen! Diesen Tierquäler und Mörder werde ich büßen lassen. Diese und ähnliche Ideen begleiten ihn seit dem Erlebnis im

Tunnel. Seine Gedanken, was sich alles nach der Gabe der K.o.Tropfen mit einem Opfer anstellen lässt, sind Legion. Der Huber-Lois im Baströckchen-Bikini auf dem Jägerstand ist dabei eines der harmloseren Motive.

Als nun die Haustür krachend ins Schloss fällt, reißt ihn das Geräusch aus seinen Gedanken. Unwillkürlich atmet er auf. Seine Tochter ist weg. Jetzt muss er sich nicht mehr so zusammenreißen. Die Anspannung in letzter Zeit ist immens gewesen.

Seit sechsunddreißig Stunden hat er kaum eine Nachrichtensendung im Radio oder Fernsehen ausgelassen. Immer noch rechnet er damit, dass es an der Tür klingelt. Doch das Schlimmste ist vermutlich vorbei. Mechanisch räumt er den Frühstückstisch ab. Als alles in der Spülmaschine verstaut ist, kehrt er mit einem müden Schnaufen zurück auf die Couch. Er zieht seine Brille nach oben auf die Stirn und reibt sich die Augen.

Dann nimmt er die Zeitung, die neben ihm liegt, um den Artikel über den Tod vom Huber-Lois noch einmal ganz in Ruhe zu lesen. Viel ist es nicht, was dasteht, nur dass der Lois auf seinem Jägerstand zusammengebrochen ist. Er habe mutmaßlich seinen Flachmann ausgetrunken und danach einen Herzinfarkt erlitten. So ein Schluck gegen die Kälte sei ja bei Jägern durchaus üblich, folgerte der Redakteur abschließend. Nach dem Stand der Ermittlungen

könne eine unnatürliche Todesursache ausgeschlossen werden, hieß es weiter.
„Jaja, der Flachmann“, seufzt Sebastian. Er hat den Huber-Lois oft beobachtet. Schließlich wohnte der ja um die Ecke. Der Flachmann lag beim Lois stets im Auto, war von außen nicht zu sehen. Aber einmal hat Sebastian den Lois mit einer Flasche Marille aus dem Getränkeladen kommen sehen. Schnurstracks ging er zur Autotür seiner jägergrünen G-Klasse, zog aus dem Handschuhfach einen Flachmann und füllte den Schnaps dort ein. Wutschnaubend, aber unbemerkt, hat Sebastian das beobachtet.
Es ist ihm ein Dorn im Auge, dass diese grünen Zipfel bei ihrem mordlustigen Hobby auch noch saufen. Deswegen hat er den Vorfall nie vergessen, obwohl es bestimmt schon fünfzehn Jahre her ist.
Nach dem Mord an seiner geliebten Freya brauchte es nicht viel, um die Geschichte mit dem Flachmann und dem GBL zu kombinieren. Das Vorhaben *Rache am Huber-Lois* gewann in seinem Pazifisten-Hirn an Raum. Wann genau es vom reinen Gedankenspiel zum Plan wurde, kann er nicht genau sagen. Die G-Klasse vom Lois hat, wie es der Zufall will, ein Verdeck, das jeder ganz einfach von außen öffnen kann.
Warum hat der alte Zipfel seinen Schnaps eigentlich immer im Auto gelassen, grübelt Sebastian, während er die Zeitung beiseitelegt.

Vermutlich hatte er Angst, den Schnaps zu vergessen. Zielwasser!
Ein Sonnenstrahl fällt durchs Fenster. In der Luft ist weniger Staub als noch vor ein paar Tagen. Franzi muss gründlich geputzt haben. Sein Blick bleibt an Freyas Körbchen hängen. Ob er es jetzt wegräumen soll?
Tränen schießen ihm in die Augen. *Mein Herzl! So eine treue Seele.* Keine Sekunde ist das Tier seit dem Tod seiner Frau von seiner Seite gewichen. Auch seine Renate ist noch nicht lange tot. Der Schock hängt ihm noch nach, die Trauer um sie wird nie ganz verschwinden. Sie war Diabetikerin, das restliche Insulin liegt in Fertigspritzen im Apothekenschrank.
Sein Blick wandert wieder zur Meldung über den Tod vom Lois. Er überlegt, wie es dann weitergegangen ist, nachdem er eins und eins zusammengezählt hatte. Das GBL und der Flachmann. Er fühlte sich wie auf Schienen, seit er gesehen hatte, wie der Gemeindemitarbeiter an dem Graffiti herumschrubbte. Wirklich nachgedacht hat er nicht. Als hätte die Wut ihm die Hand geführt.
Erst besorgte er sich das Lösungsmittel im Großhandel. Es ist beliebt, um Geschmier aller Art zu entfernen. Man bekommt es nur in großen Abfüllungen. Immer noch steht ein fast volles Gebinde von dem Zeug in seiner Garage.

Wahrscheinlich wird niemand weiter in Sachen Huber-Lois ermitteln. Herzinfarkt, Alkohol - der Fall ist klar! Die Todesfall-Ermittler haben bestimmt schon ihren Segen gegeben und die Sache abgeschlossen. Vermutlich gibt es nicht einmal eine Obduktion. Aber wenn doch, ist er ja auf der sicheren Seite. Denn beide Wirkstoffe sind längst nicht mehr nachzuweisen. Wie ferngesteuert fühlt er sich jetzt nicht mehr, trotzdem irgendwie leblos - so leer. Er seufzt.
Vor zwei Nächten saß er genauso hier auf der Couch. Die Rollläden halb unten, gerade so weit, dass er die Straße ins Autal noch sehen konnte. Das einzige Licht kam vom Fernseher. So blieb ihm nicht verborgen, wenn der Huber-Lois auf die Jagd fuhr. Franzi war unten am See in einer Bar. Er wusste, dass ein Treffen mit ihrer Freundin Sabrina stets lang dauerte. Schon als kleine Mädels waren sie unzertrennlich gewesen, die Abschiede immer tränenreich.
Doch eigentlich hatte es noch einen Tag vorher begonnen, als er sich nachts zum Auto vom Lois geschlichen hatte. Sebastian war einfach über das Verdeck in das Fahrzeug geklettert. Seine Hand hatte nicht gezittert, während er den Flachmann präparierte. Sicherheitshalber hatte er Handschuhe und eine Maske getragen, um keine Spuren zu hinterlassen.

Hinein mit dem Zeug und schwupp, war er wieder weg gewesen.
Zuerst war er sicher gewesen, dass K.o.Tropfen reichen würden. Der Huber-Lois würde von seinem Stand herunterfallen und sich den Hals brechen - ganz ohne weiteres Zutun. Doch was, wenn er dem Lois damit nur einen seltsamen Abend auf seinem Jägerstand bescherte. Nein! So einfach würde er den Hundemörder dann doch nicht davonkommen lassen. Und so hatte sich auch Teil zwei seines Plans wie von selbst entwickelt.
Sebastians Gedanken driften wieder zum Abend vor zwei Tagen, als er auf das Auto wartete. Sicherheitshalber hatte er sich schwarz angezogen. Der Lois war schon seit einigen Tagen nicht mehr auf der Jagd gewesen. Sebastian hoffte, dass es ihn nun hinausziehen würde, denn dieser Abend war perfekt. Neumond, Franzi außer Haus und er, der Sebastian, topfit. Schließlich passierte es tatsächlich. Die G-Klasse kroch langsam an seinem Wohnzimmerfenster vorbei und machte sich auf ins Autal.
Jetzt gehörst du der Katz, frohlockte er stumm. Dann schlich er los. Sein Garagenhof war dunkel und abgelegen. Von dort huschte er über die Straße und nahm den Weg durchs Feld, um den Straßenlaternen auszuweichen. Niemand durfte ihn sehen. Das war wichtig, denn er ging ohne Freya abends nie aus dem Haus. Das war die einzige Schwach-

stelle an dem Plan, der vom Himmel gefallen war. Auf dem Weg über den Acker schlug die große Turmuhr von Altdorf neun Mal. Gruselig war das, wie in einem Geisterfilm. Die Luft war klirrend kalt. Sein Atem gefror zu Wölkchen. Glücklicherweise war der Schnee ein paar Tage vorher geschmolzen. So hinterließ er keine Spuren.

An diesem Punkt fragt er sich, ob er das Vorhaben unterlassen hätte, wenn ihn frischer Schnee verraten hätte? Wenn jeder ein zweites Paar Spuren bemerkt hätte? Vermutlich nicht. Er war zu dem Zeitpunkt, als er über das Feld schlich, schon auf der Zielgeraden seiner Schienenstrecke. Wie bei einer einmal abgefeuerten Kugel gab es kein Zurück mehr in den Lauf.

Jahrelang hat der Huber-Lois unschuldige Tiere ermordet, sicher auch Steuern hinterzogen, mit dem Gemeinderat geschachert und Geschäfte jenseits der Legalität gemacht. Damit sollte an diesem Abend für immer Schluss sein. Sein Hund sollte das letzte Opfer des Verbrechers Huber-Lois gewesen sein.

Ewig kam ihm der Weg über das Feld in der kalten Winternacht vor. Doch gleich hinter der ersten Kurve, am Anfang des Autals, stand die G-Klasse. Dann sah Sebastian *ihn* - ein Stück die kleine Anhöhe hoch, ganz oben am Waldrand im allerersten Jägerstand. Das Bild hat sich dem Sebastian eingebrannt. Leise schimpfte er vor sich hin: „Der faule Sack! Nie ist er einen Meter zu Fuß gegangen! Wahrscheinlich hätte er am liebsten vom Auto aus geschossen."

Die Wut ist immer noch da, Sebastian spürt sie, auch jetzt noch, wo der Lois schon tot ist. Aber plötzlich muss er glucksen. Zum ersten Mal, seit Freya weg ist, fühlt er sich nicht mehr so leer und sogar ein klein bisschen leichter, wenn er genau in seine Brust hinein fühlt.

„Es ist halt immer gut, was zu unternehmen", seufzt er, während er sich ein Glas Wasser holt. „Ins Tun kommen."

Wieder auf der Couch wandern seine Erinnerungen erneut zurück zu der Winternacht. Er wusste nicht, wie der Lois beieinander war, ob die Mischung schon gewirkt hatte. Deswegen ging er nicht direkt auf den Jägerstand zu, sondern nahm einen kleinen Umweg über das Wäldchen daneben. Über das Jagen wusste er nicht viel. Er ging jedoch davon aus, dass die grünen Zipfel stets die Wiesen oder Waldränder anvisierten und nicht einfach aufs Geratewohl in den Wald ballerten. In der Deckung der Büsche schlich er sich an. Ab und zu knackte ein Zweig und er befürchtete, dass der Lois ihn bemerken könnte. Doch plötzlich knatterte ein langer und lauter Furz durch die Nacht.

Als sein Blick an dem Jägerstand nach oben wanderte, sah er den Lois schwanken - wie ein

Fähnlein. Nun war es so weit. Der heikle Teil war an der Reihe. Jetzt galt es, nicht zufällig erschossen zu werden. Doch wie sich herausstellte, hatten die K.o.-Tropfen gut gewirkt. Der Furz war das letzte Aufflackern gewesen. Er kletterte den Jägerstand hinauf und fand den Lois auf dem Sitz kauernd. Gestützt auf seine Flinte, hatte er sich mit dem Geländer verkeilt. Ein Arm hing über die Brüstung, der gegenüberliegende Fuß nach unten. Seine Augen waren geschlossen, doch der Mund stand weit offen, wie Sebastian dankbar feststellte.

Wie praktisch! Ich hätte ihm nicht gerne den Mund aufgerissen, kommentiert sein übermüdeter Kopf die Erinnerung.

Als Nächstes zückte er die Spritze, hob die Zunge kurz an und drückte ab. Einfach so abdrücken, wie es der Lois bei seiner Freya auch getan hatte. Den Todeskampf schaute er sich nicht an. Er war ja kein Verbrecher oder Sadist. Komisch fand er es allerdings, wie rasch und fast unmerklich der Lois die Grenze zwischen Leben und Tod überschritt. Bei seiner Frau war es anders gewesen. Die musste mit ihrem Krebs furchtbar und lange leiden. Ein Stich und das war es! So schnell hat man einen Menschen auf dem Gewissen.

Anschließend schlich er nach Hause, wo er Maske und Handschuhe in seinem Kachelofen verbrannte. Dabei fühlte er sich wieder wie ferngesteuert. In

seiner Erinnerung zu diesem Zeitpunkt klafft eine Lücke. Die Insulinspritze aus den Altbeständen seiner Frau wanderte zurück in ihre Tasche im Apothekenschrank.
Danach legte er sich gleich ins Bett und schlief tatsächlich ein. Am nächsten Morgen wurde er dann doch nervös. In der Zeitung stand noch nichts. Nur mit Mühe konnte er sich davon abhalten, sofort ins Autal zu spazieren.
„Der Auffindungszeuge ist oft der Täter", erklärt sein Spezl Toni immer beim Bier, wenn er wieder Aktenzeichen gesehen hat. „Gegen den wird immer ermittelt", versichert Toni jedes Mal mit wichtiger Miene.
Ob es ein gutes oder ein schlechtes Zeichen war, dass so lange keine Meldung über den Huber-Lois kam, konnte er nicht einordnen. Entweder es wurde noch ermittelt oder es war zu unwichtig für die nationalen Nachrichten.
Doch der Zeitungsartikel im Altdorfer Anzeiger vom heutigen Tag zeigt endlich, dass der Fall vermutlich sogar schon abgeschlossen ist. Denn da steht nichts davon, dass die Polizei sich unsicher ist oder irgendeinen Verdacht hegt.
Jetzt ist er tot, der Huber-Lois. Komisch, ja unwirklich, fühlt sich das an. Sebastians Herz schlägt nun friedlicher als vorher, obwohl die ganze Aktion ihm seine Freya nicht wiederbringt. Ja, so war das alles,

sagt er sich. Vielleicht sollte ich jetzt ein kleines Schläfchen machen? Immerhin ist er hundemüde nach der Anspannung der letzten Tage. Er sinkt auf der Couch ein Stück tiefer. Die Kissen duften nach Lavendel.
Wer klingelt denn da? Jetzt, wo er gerade so gemütlich liegt. Er musste eingeschlafen sein. Es ist das Telefon. Sofort ist er hellwach. Hat man ihn doch erwischt? Wurde er gesehen? Auf einmal ist er sich nicht mehr sicher. „Der Teufel ist ein Eichhörnchen“, hat seine Oma immer gesagt. Am besten geht er jetzt dran und tut so, als wäre nichts gewesen.
„Grundlinger“, meldet er sich mit seiner üblichen reduziert bayerischen Freundlichkeit und hört aufmerksam zu. Kurz darauf sackt ihm der Arm mit dem Hörer in der Hand ab.
Die freundliche Stimme am anderen Ende der Leitung plappert fröhlich weiter: „Sie können sie nachher abholen. Heute Nachmittag ab vierzehn Uhr ist Besuchszeit. Wissen Sie, wo das Tierheim *Starnsee* ist?“
„Vielen Dank. Das … weiß … ich“, stottert er. „Ich komm dann“, fügt er noch hinzu und legt auf.
Sein Herz klopft hart vor Freude. Ich muss gleich los, sagt er sich, neue Leberwurst kaufen! Freya soll nicht die Alte fressen müssen, wenn sie heimkommt. Und dann werd ich sie den ganzen Abend am Bauch kraulen. Freudentränen laufen ihm über die Wangen,

er zittert. Sein Herzl, endlich wieder daheim! Noch ganz verdattert tappt er zu seinem Schnapsschrankerl und gießt sich einen Enzian ein. Dieses Mal verschüttet er die Hälfte. Doch es ist ihm egal. Er füllt das Glas erneut und trägt es ins Wohnzimmer zu seinem Couchtisch. Dann faltet er die Zeitung zusammen – säuberlich, wie er es immer tut, und legt sie als Anzünder neben den Kachelofen.

War das jetzt ein Unrecht, was ich gemacht hab?, fragt er sich, während er das Schnapsglas an die Lippen setzt.

Der Alkohol läuft seine Kehle hinab und brennt dort. Mehr darf er nicht trinken, sonst kann er Freya nachher nicht mit dem Auto abholen. Nein, verdammt! Es ist kein Unrecht und es tut ihm nicht leid, fährt er sich in Gedanken selbst über den Mund. Der Huber-Lois war ein durch und durch verkommener Mensch. Er hat Sebastian bedroht und jahrelang beim Spazierengehen angepöbelt. Unzählige Tiere hat er auf dem Gewissen. Sein Sohn hat sich umgebracht und seine Frau ist ihm auch davongelaufen. Um den Huber-Lois ist es nicht schad.

Der alte Pazifist Sebastian Grundlinger lächelt zufrieden. *Soll ihn der Teufel holen!*

Unbeabsichtigt perfekt!

von Sarah Drews

Mit von der Kälte geröteten Wangen blieb Eva vor dem Restaurant stehen. Ein freudiges Grinsen umspielte ihre Lippen. Sie war bereit – so was von bereit. Im Kopf ging sie die nächsten Momente noch einmal durch. Ein verblüffter Blick, ein gehauchtes *Ja*, ihre gespielte Überraschung. Ein letztes Mal atmete sie durch, ehe sie eintrat und sich nach Ole umsah.

Sie entdeckte ihn an *ihrem* Tisch, gedankenverloren starrte er aus dem Fenster. Der verkrampfte Kiefer verriet deutlich seine innere Anspannung. Dafür gab es in ihren Augen keinen Grund. Der Abend würde perfekt werden, egal, wie er sie fragen würde. An genau diesem Tisch hatten sie vor sieben Jahren ihr erstes Date gehabt. Damals war Ole genauso nervös gewesen. Ein warmes Gefühl durchflutete sie.

»Hey, Schatz!« Die Erinnerung verblasste beim Klang seiner Stimme. »Da bist du ja endlich. Ich wollte schon eine Vermisstenanzeige aufgeben.«

Den unterschwelligen Vorwurf überging sie. Stattdessen stellte sie sich auf die Zehenspitzen, küsste ihn sanft, ehe sie sich von ihm aus der Jacke helfen ließ. »Tut mir leid, dass du warten musstest. Aber es hat sich gelohnt, oder?«

Langsam drehte sie sich im Kreis, um ihm zu zeigen, weswegen sie sich verspätet hatte.

»Jaja«, kommentierte er lapidar, »setzen wir uns, bestellt habe ich schon.«

Eva fühlte sich buchstäblich vor den Kopf gestoßen: kein Kompliment, kein anerkennender Blick. Drei Stunden hatte ihre beste Freundin Caro sie bearbeitet - mit Lockenstab, Pinsel, Farben, Pinzette. Wie ein Filmstar würde sie aussehen, hatte der Taxifahrer behauptet. Und jetzt das! Doch sie ließ sich ihre Enttäuschung nicht anmerken. Seufzend griff sie zum Sektglas, das der Kellner unaufgefordert vor ihr abgestellt hatte. Ernüchtert registrierte sie den leeren Glasboden. Da wartete der Ring schon mal nicht.

»Auf uns!« Sie prostete ihm zu, ohne einen Schluck zu trinken, ganz im Gegensatz zu Ole, der sein Glas auf ex leerte. Sofort empfand sie Mitleid. Über den Tisch hinweg ergriff sie seine Hand, die sich schweißnass anfühlte. »Ist alles in Ordnung? Du wirkst total zappelig?« Als er nicht reagierte, fügte sie wissend hinzu: »Möchtest du mir etwas sagen oder mich etwas fragen?«

»Was?« Die Worte schreckten ihn auf, er entzog ihr die Hand. »Wie kommst du darauf?«

Ihr lag eine scharfe Erwiderung auf der Zunge. Doch als der Kellner mit zwei dampfenden Schalen Kürbissuppe an den Tisch trat, schwieg sie.

»Endlich, ich sterbe vor Hunger«, murmelte Ole und tauchte den Löffel in die Suppe. Mit gesenktem Kopf fing er schlürfend an zu essen. »Die ist echt lecker, Schatz.«

War das eine Anspielung? Augenblicklich beschleunigte sich ihr Herzschlag. Sie tunkte den Löffel ein und stellte enttäuscht fest, dass sich in der Suppe kein Ring verbarg. Wenn sie ehrlich war – diese Art von Antrag passte auch nicht zu ihm. Kreativität lag ihm nicht. Vielmehr war er der pragmatische Typ. Klassischer Kniefall, ein paar nette Worte, die nervös geöffnete Schatulle – wenn überhaupt. Wahrscheinlich würde er im Gegensatz zu sonst die Rechnung übernehmen, statt die Summe aufzuteilen. Ein Symbol an Stelle großer Worte.

Nein, das war nicht die Art Antrag, von dem sie ihren Kindern erzählen wollte. Es führte kein Weg dran vorbei, sie musste die Führung übernehmen, vor allen Dingen auch deshalb, weil sie selbst Neuigkeiten zu verkünden hatte.

Sobald der Kellner die leeren Schalen abgedeckt hatte, wagte sie einen neuerlichen Vorstoß. »Was ist denn heute los mit dir?«

Beim Klang ihrer Stimme fuhr er zusammen. »Mit mir?«

»Ja, du bist anders. Du erzählst nichts von der Arbeit, wirkst abwesend und neben der Spur. Ich kenne dich lange genug, um zu wissen, dass dir etwas auf dem Herzen liegt.« Ein dezenter Stups in die richtige Richtung.

»Ist das … so offensichtlich?« Er räusperte sich. »Eigentlich wollte ich bis nach dem Essen warten, aber … ich meine … also jetzt … wo du …«, stammelte er und nestelte fahrig an seiner Krawatte herum. »Ich … oh Mann, bei der Probe vor dem Spiegel … also …«

Der Kellner unterbrach ihn. »Lachs an Zitronengrassoße, dazu zarte Zuckerschoten, Mungobohnen und Erbsenpüree. Bon appétit.«

Wie zuvor bei der Suppe griff Ole rasch zum Besteck. »Der Lachs ist vorzüglich und die Soße erst!« Genießerisch schloss er die Augen. »Ein Gedicht, Schatz.«

Diesmal ließ sie sich nicht auf das Ablenkungsmanöver ein. »Du warst gerade dabei, mir etwas mitzuteilen.«

»Wollen wir nicht erst mal essen?«

»Mir wäre es ehrlich gesagt lieber, wenn du mir sagst, was los ist.« Während sie redete, griff sie über den Tisch und hinderte ihn daran, sich eine Gabel mit Püree in den Mund zu schieben.

»Na schön«, murmelte er. »Wie gesagt, vor dem Badezimmerspiegel fiel es mir leicht, aber nun, wo du mir gegenübersitzt …«, setzte er an, legte die Gabel hin und trank einen großen Schluck Weißwein. »Oh Mann, ich hätte nicht gedacht, dass mir das so schwerfällt.« Er stellte das Glas ab und fuhr sich fahrig über den Mund. »Damit will ich sagen, es ist unser Jahrestag, dein 30. Geburtstag, es ist unser Restaurant. In meiner Vorstellung war es der ideale Zeitpunkt und Ort …“

Jetzt hielt sie das Gestammel nicht mehr aus. »Ja«, stieß sie hervor, »ich sage ja!«

»Ja?«, wiederholte er und sah vom Teller auf. Den hatte er die ganze Zeit krampfhaft angestarrt. In seinem Blick lag eine Mischung aus Verwirrung und Verwunderung. Dann weiteten sich seine Augen und Erkennen blitzte auf. »Oh nein! Du denkst …? Oh mein Gott!«

Das war nicht die Reaktion, mit der sie gerechnet hatte. Warum holte er nicht die Schmuckschatulle heraus und zeigte ihr den Ring? Den Ring, den sie vor zwei Wochen in seiner Sockenschublade entdeckt hatte.

Warum wich sämtliche Farbe aus seinem Gesicht? Hatte sie ihn überrumpelt? Hatte sie das Schmuckstück falsch gedeutet? Sie spürte, wie das Lächeln auf ihren Lippen gefror.

»Ich verstehe das nicht«, presste sie nach einer gefühlten Ewigkeit hervor. Aus ihrer staubtrockenen Kehle hörte es sich an wie ein Krächzen. »Sag doch was, Liebling.«

»Also gut«, lenkte er ein, schob den Teller ein Stück von sich und stützte die Ellenbogen ab. Seine Hände faltete er vor dem Mund, das Kinn legte er auf den Daumen ab. Dann atmete er lange aus. »Es tut mir wahnsinnig leid. Hätte ich gewusst …! Verdammt, ich bin so ein Trampeltier. Klar, dass du …«

»Heißt das, du wolltest mir gar keinen Antrag machen? Aber der Ring? Ich verstehe gar nichts mehr«, flüsterte sie und kämpfte gegen die aufsteigende Panik an. Sicher gab es eine logische Erklärung. Er würde das Missverständnis auflösen und dann würden sie gemeinsam darüber lachen.

»Eva, es ist so, dass ich jemand anderen kennengelernt habe.«

Im ersten Moment glaubte sie, sich verhört zu haben. Als ihr die Bedeutung seiner Worte dämmerte, wurde ihr schlagartig speiübel. Das entsprach nicht im Ansatz ihrer Vorstellung von einer logischen Erklärung.

»Wie bitte?«, japste sie

»Es tut mir leid.«

Das sagte er so beiläufig, in der gleichen Tonlage, als würde er sich für den vergessenen Müll entschuldigen. Die Erkenntnis sickerte wie zähflüssiger Sirup in ihr Bewusstsein. Er fühlte sich unbehaglich, weil er sich von ihr trennen wollte. Von Schuldgefühlen keine Spur.

»Wie lange schon?« Unsichtbare Finger legten sich um ihre Kehle und schnürten sie zu. Ihr Magen krampfte sich bei den Worten zusammen. Wochen?

Monate? Bei dem Gedanken geriet ihr Herz ins Stolpern. Egal, wie lange das schon ging, sie hatte nichts bemerkt, nicht den kleinsten Verdacht geschöpft. Die Galle, die sich ihren Weg durch den Hals nach oben bahnte, schluckte sie hinunter. Dann zwang sie sich, bewusst langsam zu atmen, um das Wattegefühl in ihrem Kopf zu bekämpfen.

»Wie lange?«, wiederholte sie.

»Seit knapp einem Vierteljahr«, antwortete er schonungslos. »Hör mal, Eva, ich wollte das nicht. Es ist einfach so passiert«, schob er hinterher.

Ihr entschlüpfte ein heiseres Kichern. Sagten das nicht alle? Nichts im Leben passierte einfach so. Unter Alkoholeinfluss konnte man einmal fremdgehen. Das wäre gerade noch zu verstehen gewesen in der Kategorie *einfach so*. Aber Ole hatte seit drei Monaten eine andere – *einfach so*.

»Mach jetzt bitte keine Szene.« Sein Blick schweifte durch den Gastraum.

Das war der Ole, den sie kannte, immer darauf bedacht, im besten Licht dazustehen. Am liebsten wäre sie aufgesprungen und hätte ihm den Inhalt ihres Glases über den Kopf gekippt, nur damit alle im Restaurant mitbekamen, was er für ein Arsch war. Aber mit dieser Reaktion würde sie ihm nur Zündstoff liefern. Sie hörte schon das Getuschel. Nein, sie würde nicht ausrasten, sich nicht die Blöße geben.

»Woher?« Mehr brachte sie nicht hervor.
»Es geht dich zwar im Grunde nichts an, aber wir fahren morgens im gleichen Zug.« Auch das war typisch für ihn.
»Okay«, erwiderte sie nur, wohlwissend, dass dies nicht die Antwort war, die er erwartete.
Er öffnete den Mund und schloss ihn direkt wieder.
»Na schön, wenn du es unbedingt wissen willst«, fuhr er nach ein paar Sekunden des Schweigens fort. »Wie gesagt, wir nehmen morgens die gleiche Bahn. Eines Tages steckte sie mir einen Zettel mit ihrer Telefonnummer zu.« In einer defensiven Geste hob er beide Hände. »Darum habe ich sie nicht gebeten, falls du mir das unterstellen willst.«
»Abgelehnt hast du aber auch nicht.«
»Nein, aber das lasse ich mir keineswegs vorwerfen«, brummte er. »Du hattest damals Probleme in deinem Job und wurdest immer launischer. Ich habe den ganzen Frust abbekommen, weil ich angeblich nicht verständnisvoll genug war.«
»Ha«, lachte Eva auf, »wie war das doch gleich?« Gespielt nachdenklich legte sie den Zeigefinger auf die Lippen. »Was genau hast du gesagt? *Augen zu und durch. Stell dich nicht an. Jeder hat Kollegen, mit denen er nicht klarkommt. Jeder hat mal Magenprobleme. Jeder schläft mal schlecht. Wenn dir das nicht passt, ändere was. Nerv mich nicht tagtäglich mit dem gleichen Mist*. Wollen wir hier

im Restaurant eine kleine Umfrage starten und schauen, wie viele das als verständnisvoll bewerten?«

»Siehst du, wir streiten schon wieder. Genau deswegen habe ich sie zum Essen eingeladen. Ich wollte mal den ganzen Stress vergessen und zwar mit einer Frau, die nicht aussieht wie eine Tonne. Ein vollkommen harmloses Treffen, ein nettes Gespräch. Mich unsterblich zu verlieben, war nicht geplant.«

»Ui, Liebe auf den ersten Blick? Das erinnert mich an uns.« Sie applaudierte. »Apropos, weiß sie überhaupt von mir? Oder wolltest du erst mal schauen, wo das hinführt, ob das Neue besser ist als das Alte?« Bevor er darauf etwas erwidern konnte, fuhr sie rasch fort: »Und ich habe fünf Kilo zugelegt. Das nennst du Tonne?« Sie schnaubte verächtlich. »Dass ich keine Grazie bin, wusstest du. Schließlich trug ich bei unserem ersten Date schon Kleidergröße 42. Damals hast du gesagt, dass du meine Kurven liebst.«

»Fünf Kilo? Bist du dir sicher? Sah nach deutlich mehr aus«, meinte er und zog den Teller zu sich ran. »Wäre schade um das gute Essen«, kommentierte er kauend. »Mareike wusste von Anfang an von uns beiden. Mag sein, dass ich dir nicht sofort davon erzählt habe, weil ich für mich herausfinden wollte, ob es nur ein Strohfeuer ist. Außerdem wollte ich uns eine faire Chance geben. Meinst du, ich habe dir die Diätpillen grundlos besorgt? Immerhin verbinden uns sieben Jahre. Statt die Pillen zu nehmen, hast du lieber die Waage manipuliert. Niemand nimmt ab, ohne dass man etwas sieht. Da kann in der App der Waage stehen, was will.« Er zuckte die Schultern und schnitt ein Stück Lachs ab. »Einer der Gründe, warum ich mir sicher bin, dass Mareike den Neuanfang wert ist: sie achtet auf sich und weiß meine Fürsorge zu schätzen.«

»Wozu dann das alles hier?“ Mit einer unbestimmten Geste deutete Eva in den Raum. »An unserem Jahrestag, meinem Geburtstag. Das ist total gestört!«

»Ich sage ja, in der Theorie kam es mir logisch und stimmig vor.« Er räusperte sich verlegen.

„Der 30. Geburtstag markiert doch einen neuer Lebensabschnitt - ideal für Veränderungen und Neuanfänge. Das hier sollte der perfekte Abschluss werden. Es endet gewissermaßen da, wo alles begann«, erklärte er. Seine Lippen umspielte ein betretenes Lächeln. »Und der Ring. Nun ja, so sicher bin ich mir inzwischen schon mit Mareike.«

Jedes Wort war ein Faustschlag. Galle stieg unaufhaltsam in ihrer Speiseröhre nach oben. Der Stuhl schabte laut über den Holzboden, als Eva wortlos aufsprang, sich ihre Handtasche von der Lehne schnappte und in Richtung der Toiletten stürmte.

Zwei Minuten später starrte sie auf die Suppe, die in der Toilettenschüssel schwamm. Alles ausgekotzt - genau wie ihr Leben. *Der perfekte Abschluss. Ein neuer Lebensabschnitt.* Seine Worte hämmerten in ihrem Kopf. Mit zittrigen Knien richtete sie sich auf, spülte und setzte sich auf den Klodeckel. Ihre Stirn lehnte sie an die kühlen Fliesen.

»Ein Vierteljahr«, murmelte sie fassungslos. Und sie hatte nichts bemerkt. Klar, er kam gelegentlich später nach Hause. Doch das war keineswegs ungewöhnlich - Fußballabende, Treffen mit Kunden oder Kollegen. Okay, in den letzten Monaten hatten sie deutlich weniger Sex gehabt. Nachdem sie das sexy Schwarze, das er so liebte, nicht mehr zu bekommen hatte, entschloss sie sich dazu, diese verdammten Pillen, die er ihr besorgt hatte, zu schlucken.

Eva kramte die Tüte Fatburner aus ihrer Handtasche. Ihr Blick fiel auf den Warnhinweis auf dem winzigen Etikett: *Gefährlich*! Trotzdem hatte sie die Kapseln genommen. Und wofür? Für nichts. Zu dem Zeitpunkt hatte Ole längst eine andere, eine Geliebte gehabt, für die er sie an ihrem Geburtstag verließ. Ihre besten Jahre waren verschwendet. Für ihn änderte sich einzig die Person an seiner Seite, während ihre Zukunft auf dem Kopf stand.

Sie stellte sich den enttäuschten Blick ihres Vaters vor, wenn sie mit gepackten Koffern auftauchte wie damals, als sie das Studium nach einem Semester abbrach, um Erzieherin zu werden. Nur dieses Mal war sie verlassen und - schwanger. Sie trug sein Kind unter ihrem Herzen. Diese Neuigkeit wollte sie ihm an diesem Abend präsentieren, nachdem sie den Ring zwischen seinen Socken entdeckt hatte.

Zwei Jahre lang hatten sie es erfolglos probiert und dann war es einfach so passiert. Bei dem Gedanken stieß sie hörbar die Luft aus. Die erste Zeit hatte sie das Ausbleiben ihrer Regel auf den beruflichen, später auf den privaten Stress geschoben, genauso wie die Stimmungsschwankungen, die ständige Übelkeit, das Erbrechen, gefolgt von Heißhunger, und die unreine Haut. Dann die Sache mit dem Kleid. Sie konnte es sich nicht erklären, denn sie hatte mit Sport angefangen und auf die Kalorien geachtet. Nichts brachte etwas, bis er mit diesen Teilen ankam. Acht Kilo in drei Wochen - laut Waage. Aber das Kleid passte trotzdem nicht, weil sie nach all den Jahren unbemerkt schwanger geworden war. Kein Wunder, der Bauch passte sich der neuen Situation an. Da half kein Gewichtsverlust. Ein Baby brauchte von Anfang an Platz.

An dem Tag, als sie den Ring entdeckte, hatte sie davon erfahren bei ihrer jährlichen Vorsorge - fünfter Monat, ein Mädchen. Zum Glück war alles in Ordnung mit dem Kind, trotz der Diät und den Chemiebomben.

Das Ultraschallbild steckte zusammengerollt in rosa Söckchen. Genau die hatte sie in der Sockenschublade verstecken wollen, als sie die Schatulle fand.
Was wohl passiert wäre, wenn sie den Ring nicht entdeckt und Ole stattdessen wie ursprünglich geplant von der Schwangerschaft erfahren hätte? Je länger sie über diese Frage nachdachte, umso sicherer war sie sich. Er hätte die Sache mit Mareike klammheimlich beendet und ihr nie davon erzählt. Er war nicht der Typ, der Eier besaß.
Sie legte ihre Hand auf den Bauch und flüsterte: »Wir schaffen das auch ohne diesen elenden Versager.« Um ihren Worten Gewicht zu verleihen, straffte sie die Schultern und richtete ihr imaginäres Krönchen.
Dann trat sie aus der Kabine und begutachtete das perfekt sitzende Make-Up ihres Spiegelbildes. Außer den geröteten, glasigen Augen deutete nichts darauf hin, dass sie geweint hatte. Caro hatte ganze Arbeit geleistet. Das sollte ihr Abend werden. Stattdessen lag ihre Zukunft in Scherben.
»Rache ist Blutwurst«, sagte sie zu sich selbst. »Du wirst heute auch noch deinen Speck wegbekommen.«
Vor ihrem geistigen Auge sah sie, wie sie ihm das Ultraschallbild überreichte und erhobenen Hauptes das Restaurant verließ. Das war zwar bei weitem

nicht die Genugtuung, die sie verdiente, aber besser als nichts. Ein letztes Mal atmete sie durch, dann öffnete sie die Tür zum Gastraum und trat heraus. Erst jetzt bemerkte sie, dass sie noch immer die Tüte mit den Pillen umklammerte. Sie wollte das Zeug wieder in der Tasche verstauen, als ihr Blick an zwei Tellern hängenblieb, die auf den Tresen standen und nur darauf warteten, zum Gast gebracht zu werden. Kaiserschmarrn mit Vanilleeis und Kirschen für Tisch 19, einer davon ohne Rosinen – Oles Portion. Sofort schlug ihr Herz eine Nuance schneller. Ganz nebenbei registrierte sie, dass vom Kellner gerade jede Spur fehlte. Wenn das kein Zeichen war!

Bevor sie es sich anders überlegen konnte, verselbständigten sich ihre Bewegung. Mit zwei großen Schritten stand sie vor dem Nachtisch, während ihre Finger die Tüte öffneten und die erste Kapsel entzweibrachen. Das weiße Pulver landete auf dem Puderzucker. Mit bloßem Auge war kein Unterschied zu erkennen. Sofort folgte eine weitere Ladung. Insgesamt verteilte sie sieben Pillen auf dem Dessert ohne Rosinen, eine Kapsel für jedes vergeudete Jahr. Damit würde er die ganze Nacht zu tun haben - Übelkeit, Magenschmerzen, Schweißausbrüche, Herzrasen, Zittern. All die Dinge, die er immer nur belächelte, wenn sie davon sprach.

Zufrieden nickte sie, hob die beiden Teller an und drehte sich um. Erschrocken zuckte sie zusammen.

Dass sie die Nachspeise nicht fallen ließ, grenzte nahezu an ein Wunder. Ihr Herz stolperte, ehe es losraste. Nur zwei Meter entfernt stand Ole. Hatte er sie beobachtet und alles gesehen?
Bei dem Gedanken schoss das Blut in ihre Wangen.
»Ich … also ich …«, stotterte sie.
»Alles okay bei dir?« Verschämt kratzte er sich am Hinterkopf. »Du warst ewig weg.« Dabei fiel sein Blick auf die Teller. »Sind das unsere? Ich kann bezahlen, wenn dir das lieber ist. Wir müssen das Dessert nicht nehmen.«
»Quatsch«, unterbrach Eva ihn. »Wäre doch schade, wenn diese teuer bezahlte Köstlichkeit im Müll landet.«
Zu allem Überfluss tauchte jetzt der Kellner hinter Ole auf. Er musterte sie und dann die Teller in ihren Händen.
„Entschuldigung.“ Sie straffte ihre Schultern, schaute ihm geradewegs in die Augen und hob die beiden Teller an. „Ich habe das Dessert für unseren Tisch gesehen und nicht weiter nachgedacht. Darf ich es mitnehmen?“ Die Antwort wartete sie nicht ab, sondern stürmte an den beiden Männern vorbei zu ihrem Platz.
»Hör mal!«, startete Ole einen weiteren Versuch, kaum dass er saß.
»Lass gut sein. Ich möchte zu diesem Thema nichts mehr hören.« Demonstrativ griff sie nach der Gabel

und widmete sich ihrem Nachtisch. Hörte er ihr Blutrauschen und das Donnern ihres Herzens?
»Wie du willst«, meinte er. Offensichtlich erleichtert fischte er nach dem Besteck und gabelte ein Stück Kaiserschmarrn auf.
Halt ihn auf!, ertönte eine laute Stimme in ihrem Kopf. *Päh, das hat er verdient*, entgegnete eine andere.
»Schatz«, fing sie an, bemerkte sofort ihren Fehler. »Ich … ähm … meinte Ole.« Nachdem sie es laut ausgesprochen hatte, verspürte sie eine innere Leere.
»Schmeckt es dir?«, fragte sie rasch, ehe sie es sich überlegen konnte. Inständig hoffte sie, dass ihr Lächeln nicht so gezwungen wirkte, wie es sich anfühlte.
»Etwas viel Puderzucker, aber definitiv lecker.«
»Na dann«, erwiderte sie.
Fasziniert beobachtete sie jede Gabel, die in seinem Mund verschwand. Dass sie selbst nur herumstocherte, schien ihn nicht abzuhalten.
Im Gegenteil, als er mit seinem Teller fertig war, deutete er auf ihre Portion. »Isst du das noch?«
»Nein.« Ohne eine weitere Erklärung schob sie ihm den Nachtisch rüber. Dabei verfolgte sie ihn mit Argusaugen. Bemerkte er den Unterschied? Falls ja, ließ er sich nicht in die Karten sehen. Er verzog keine Miene. Wie er so dasaß und aß, überkamen sie unvermittelt Gewissensbisse.

»Du, ich …« Sie brach ab. Wie sagte man seinem Ex, dass man ihm Fatburner ins Essen gemischt hatte? Plötzlich kam ihr ein vollkommen anderer Gedanke. Wie würde er reagieren? War das, was sie getan hatte, strafbar? Wenn er erfuhr, dass sie schwanger war, würde er die Aktion dann gegen sie verwenden? Sie musterte ihn genau. Bildeten sich schon Schweißperlen auf der Stirn? Ging seine Atmung schneller? Knurrte der Magen lauter? Sie musste hier raus.

Hastig griff sie nach ihrer Handtasche und wühlte darin herum. »Wo ist sie nur?«, presste sie hervor. »Meine Geldbörse muss doch …«

»Wie gesagt, ich lade dich ein.«

»Kommt gar nicht in Frage«, würgte sie ihn ab. »Du hast mich nie eingeladen. Also brauchst du damit jetzt nicht anzufangen.« Bürste, ein Buch, Kaugummis. Ein Teil nach dem anderen legte sie achtlos auf den Tisch. »Wo zur Hölle …?«

»Du kannst doch nicht die Pillen hier so in aller Öffentlichkeit präsentieren«, fauchte er.

Bevor Eva sie wieder einstecken konnte, verschwanden die Pillen in seiner Hosentasche. Ein Grund mehr, schleunigst zu verschwinden. Ein lautes Keuchen ließ sie innehalten. Aus den Augenwinkeln sah sie, wie er nach etwas Rosafarbenem grapschte.

»Was ist das«, stieß er hervor.

In dem Moment erkannte sie die Socken. Die Katze war aus dem Sack. Sie sank in sich zusammen. Geschlagene fünf Minuten starrte er das Bild an, ehe er aufschaute.

»Was ist das?«, wiederholte er mit einer belegten Stimme, die sie gar nicht von ihm kannte.

»Was wohl?« Unbeholfen zuckte sie mit den Schultern. »Deine Tochter, zwanzigste Schwangerschaftswoche. Der Arzt meinte, dass man es nicht so sieht, weil ich von Natur aus stämmiger bin. Deswegen wurde ich auch nicht dünner, obwohl ich abgenommen habe.«

»Du bist ...« Er schluckte hörbar hart. »Ist das, also bin ich ...?«

Statt einer ausschweifenden Antwort nickte sie stumm.

»Oh mein Gott. Ich kann es nicht fassen. Das ändert alles. Zwanzigste Woche.« Er schüttelte den Kopf. »Wieso hast du es mir nicht früher gesagt? Ich hätte doch ...«

»Was?«, unterbrach sie ihn barsch. »Mareike verlassen? Es mir nie gesagt?«

Mit ihrer Vermutung lag sie goldrichtig. »Genau das hätte ich getan! He, wir werden Eltern!«

Er strahlte über beide Ohren, reagierte genau so, wie sie es sich vor ein paar Stunden ausgemalt hatte. Doch jetzt war alles anders. Dieser kranke Typ dachte ernsthaft, dass sie ihn mit offenen Armen zurücknahm und sich freute, weil er Mareike aufgab. Vor nicht mal einer Stunde hatte er sie eiskalt abserviert. All das sollte sie vergessen? Niemals. Zum ersten Mal seit sieben Jahren sah sie Ole nicht mehr durch die rosarote Brille. Der bullige Mann vor ihr wirkte mit den nach hinten gegelten Haaren schmierig. Die blauen Augen, in denen sie sich sonst verlor, hatten mit einem Mal etwas Verschlagenes. Die bloße Vorstellung, mit ihm ein Kind großzuziehen, jagte ihr Angst ein.

»Ole …«

»Warum so förmlich, Schatzi!«, unterbrach er sie und griff über den Tisch hinweg nach ihren Händen. »Du trägst meine zukünftige Prinzessin in deinem Bauch.«

Dann öffnete er den obersten Knopf seines Hemdes. Erst jetzt bemerkte sie den Schweißfilm auf seiner Stirn und die deutlich schnellere Atmung.

»Alles in Ordnung?«

»Natürlich, mein Schatz.« Er schenkte ihr ein strahlendes Lächeln. »Mir ist nur ein bisschen heiß. Aber das ist bei den Neuigkeiten kein Wunder.« Bevor sie wusste, wie ihr geschah, schnappte er sich ihr Weinglas und sprang auf. »Dürfte ich um Ihre Aufmerksamkeit bitten?« Mit der Gabel schlug er vorsichtig gegen das Glas. Es klirrte, die Gespräche um sie herum verstummten. »Ich werde Vater!«

Einen flüchtigen Augenblick dachte sie daran, ihn vor allen Gästen zu korrigieren - *Erzeuger, nicht Vater.* Aber sie unterließ es. Er sollte sich genauso freuen wie sie sich gefreut hatte, bevor sie seine Traumblase von einer Familie zerstören würde.

* * *

Schon seit einer ganzen Weile starrte Eva auf das blumenbedeckte Grab vor sich. Im Nachhinein betrachtet war es das Beste, was ihr passieren konnte. Nur schade, dass sie zum ewigen Schweigen verdonnert war. Niemand würde jemals die Wahrheit über diesen Abend erfahren. Nicht einmal ihrer Tochter würde sie sagen können, was für ein Dreckskerl ihr Vater gewesen war.

»Ich weiß, dass du das warst.«

In ihre Gedanken versunken hatte sie die zart gebaute blonde Schönheit nicht bemerkt. Obwohl die Polizei sie von jeglichem Verdacht freigesprochen hatte, ließ Mareike sie nicht in Ruhe. Überall lauerte sie Eva auf. Nicht einmal auf Oles Beerdigung schreckte sie davor zurück, ihre Anschuldigungen von sich zu geben.

»Er hat mir erzählt, was für eine durchgeknallte Furie du bist. Hätte ich gewusst, wie gestört du bist, hätte ich ihn niemals gedrängt, dich endlich zu verlassen.«

»So gestört kann ich wohl nicht sein. Immerhin wollte er ein Kind mit mir.« Demonstrativ legte Eva

beide Hände auf die kleine Kugel, die sich unter ihrem schwarzen Kleid verbarg. »Kapier endlich, dass du nur eine billige Affäre warst.«
»Du …!« Mareike ballte eine Faust, schnaubte hörbar und drehte sich um. Nach ein paar Schritten blieb sie stehen. »Irgendwann wirst du dich verraten, und dann«, sie streckte die Hände vor und gab ein klickendes Geräusch von sich, »kommt die Wahrheit ans Licht.«
»Dass du so ruhig bleibst.« Caro tauchte neben Eva auf und legte ihr den Arm um die Schulter. »Ich an deiner Stelle würde diese Frau anzeigen. Das grenzt ja schon an Verleumdung.«
»Wozu?«, erwiderte sie. Im Grunde hatte Mareike ja recht. Sie war für Oles Tod verantwortlich, sie ganz alleine. Ein falsches Wort und die Handschellen würden in der Tat klicken. So weit durfte es niemals kommen. Sie stieß einen lang gezogenen Seufzer aus und schüttelte energisch den Kopf. »Wer weiß, was er ihr erzählt hat, um sie bei Laune zu halten.«
»Auch wieder wahr«, stimmte Caro zu.
»Lass uns das Thema wechseln und nicht mehr über diesen treulosen Mistkerl reden. Ich möchte keinen Gedanken mehr daran verschwenden.«
Zumindest dieser Teil entsprach der Wahrheit. Sogar Oles Eltern zeigten Verständnis, nachdem sie von der Untreue ihres Sohnes erfahren hatten. Außer Mareike glaubte jeder die offizielle Geschichte,

untermauert von einunddreißig Zeugenaussagen, den Tabletten in seiner Tasche und diversen Onlinekäufen auf seinen Namen.
Mit geschlossenen Augen ließ sie den denkwürdigen Abend Revue passieren.

* * *

Eva saß an ihrem Tisch und beobachtete mit Genugtuung, wie Ole in seiner Rolle aufging. Mit allen Gästen stieß er auf die frohe Botschaft an. Erzählte jedem, der es hören wollte, wie lange sie schon probierten, schwanger zu werden, und wie glücklich er war. Es kostete sie eine Menge Beherrschung, die Fassade aufrechtzuerhalten, ganz besonders, als er den kleinen Blumenstrauß aus der Vase zog und vor ihr auf die Knie fiel.
»Eva Tychsen, vor genau sieben Jahren hatte ich das große Glück, dir zu begegnen. Du standest vor mir an der Kinokasse mit diesem bezaubernden Lächeln. Obwohl du Geburtstag hattest, nahmst du meine Einladung zum Essen an. Und jetzt sieh uns an! Gerade hast du mich zum glücklichsten Mann gemacht.«
Bei den Worten verschluckte sie sich fast an ihrer Spucke.
»Ja, ich bin nicht perfekt. Das ist mir bewusst. Wer ist das schon?« Er sah sich im Raum um und erntete allseitiges Nicken. »Dennoch hoffe ich, dass du mich genauso liebst, wie ich dich liebe.«

Das gehauchte »Ja« kam ihr leicht über die Lippen, obwohl sie es besser wusste. Er liebte sie nicht, und sie liebte ihn nicht.
»Eva Tychsen, willst du meine Frau werden?«
Diesmal fiel ihr das »Ja« deutlich schwerer. Hätte sie ihre Überraschung nicht tagelang vor dem Spiegel geübt, sie hätte es nicht geschafft. Allem Anschein nach war ihr Auftritt erfolgreich, denn die Gäste klatschten Beifall und gratulierten.
Zwei Stunden nach dem Antrag brach Ole mit hochrotem Kopf zusammen - der Kreislauf, die Aufregung, der Alkohol, die Fatburner. Aus Angst, dass er die Wahrheit erkennen würde, sobald er wieder fit war, machte sie die Ärzte erst auf die Tabletten aufmerksam, als sich sein Zustand zunehmend verschlechterte und die Atmung aussetzte. Das hatte sie nie gewollt, schon gar nicht, dass er am nächsten Tag mausetot war. *Überdosis* stand im Autopsie-Bericht.
Außer einer hartnäckigen Mareike, die täglich die Polizei nervte, hegte niemand Zweifel an der Todesursache, zu Evas anfänglicher Überraschung nicht einmal die Ermittler. An dem Tag, als sie ein Geständnis ablegen wollte, teilten die Polizisten ihr mit, dass sie nicht weiter ermitteln würden. Für sie war der Fall glasklar. Dutzende Zeugen sagten aus, wie sehr Ole sich über die Schwangerschaft gefreut hatte, ganz zu schweigen von dem Antrag.

All das sprach für die frustrierte Geliebte und machte Mareikes Einwände unglaubwürdig. Dazu die Tüte Fatburner in seiner Hosentasche, bestellt auf seinen Namen. Nichts deutete auf Eva hin, nicht einmal die Reste der geöffneten Kapseln. Die hatte sie kurz nach dem Antrag in Klopapier gewickelt und dann später in der Toilette entsorgt.
Alles in allem war ihr der perfekte Mord gelungen. Wer hätte das gedacht!

Aufruhr im Gemüsebeet

von Peter Futterschneider

„Sind sie schon wieder draußen?“, fragte Margot mit einem Anflug von Hass in der Stimme. Harald atmete tief durch, gefolgt von einem noch tieferen Seufzen.

Auch ihm war längst aufgefallen, was seine Margot seit einigen Wochen mindestens einmal am Tag zum Thema machte. Seine Strategie des Ignorierens hatte er allerdings gerade mal drei Tage durchgehalten. Anfangs hatte er noch gehofft, dass die Unruhe bald vorbei sein würde. War sie nicht. Gleich zu Anfang hätte er dagegenhalten und ein Machtwort sprechen müssen. Doch das war nicht so ganz sein Stil. Außerdem fielen Machtworte in seiner Ehe von Beginn an in den Zuständigkeitsbereich seiner Gattin. Von gelegentlichem Kompetenzgerangel mal abgesehen, war das in Stein gemeißelt.

„Schau nur hin!“, forderte Margot ihn eindringlich auf.

Er gesellte sich zu ihr und blickte vorsichtig von der Terrasse aus hinüber zu den Nachbarn auf der rechten Seite, genauer gesagt, zu den *neuen* Nachbarn.

Noch vor einigen Wochen war alles in bester Ordnung gewesen. Es herrschten Ruhe, Eintracht und Bürgersinn. Harald und Margot waren gut mit den Nachbarn zur linken Seite und auch mit den ehemaligen Nachbarn zur rechten Seite ausgekommen. Man hatte sich respektiert und der gemeinsamen Leidenschaft, dem Gärtnern, gefrönt. Großzügig und in gegenseitigem Einvernehmen waren von Zeit zu Zeit die Früchte des Gartens getauscht worden.

Ein klein wenig Ehrgeiz gehörte auch dazu. Das schadete schließlich niemandem und zudem spornte es an. So war es stets auch ein kleiner Wettbewerb um das schönste Rot der Johannisbeeren, um den kräftigsten Geruch des Schnittlauchs, um das intensivste Aroma der vielfältigen Kohlsorten gewesen. Alles hatte seine Richtigkeit und seine Ordnung gehabt.

Als die Nachbarn zur rechten Seite ausgezogen waren, war es mit der Ordnung vorbei. Ein dunkler Schatten lag seitdem über dem Gartenglück. Vom Garten aus hatte der Schatten auch die Ehe von Margot und Harald erreicht.

Leben und leben lassen, das war eines von Margots Prinzipien. Allerdings nahm sie es mit ihren Prinzipien nicht ganz so genau. Wenn es ihr nicht in den Kram passte, konnte ihre Großzügigkeit mitunter schnell ein jähes Ende nehmen.

Harald war vieles, aber kein Prinzipienreiter. Ihm waren Prinzipien jedweder Art egal, wenn er nur genug zu essen bekam und von Zeit zu Zeit seinen ehelichen Pflichten nachkommen durfte. Auf diese Dinge legte er so großen Wert, dass es schon etwas *Prinzipienhaftes* an sich hatte, ganz entgegen seinem Prinzip der Prinzipienlosigkeit. Bezüglich der ehelichen Pflichten konnte er sich durchaus glücklich schätzen. Das Ergebnis konnte sich sehen und zählen lassen: Jasmin, Sabine, Elisa, Paul, Johann, Sebastian und zuletzt Max.

Aber mit den neuen Nachbarn war nichts mehr wie zuvor. Nach der Ordnung waren auch die glücklichen Momente fast verschwunden, zumindest gab es davon nun deutlich weniger. Harald und Margot ärgerten sich so oft und so ausdauernd, dass einfach keine Zeit mehr fürs Glücklichsein blieb.

Noch immer blickte er angestrengt nach drüben und ließ den aufgeblasenen Typen nicht aus den Augen. Auch Margot entging das nachbarliche Treiben nicht.

„Der Drecksack sondiert schon wieder eine von unseren Möhren“, flüsterte sie ihm zu, „und er denkt, wir würden das nicht mitkriegen.“

„Da hat er die Rechnung aber ohne uns gemacht“, bemerkte er. „Ich sollte ihn auf der Stelle vertreiben.“

„Nein, pass lieber auf, dass er dich nicht erkennt“, erwiderte sie und zog ihn zurück in die Deckung.

*

Karla und Wolle bemerkten natürlich, dass sie beobachtet wurden. Sie waren ja nicht dumm. Auch war ihnen klar, dass die Nachbarn wohl nicht ganz mit dem Treiben in ihrem Garten einverstanden waren. Gar nicht klar war ihnen jedoch, warum so ein Aufheben um die Sache gemacht wurde. In der Gegend, in der sie früher gewohnt hatten, machte man sich um solche Kleinigkeiten wie Obst oder Gemüse keine großen Gedanken. Dort beschäftigte man sich mit anderen Dingen, die das Leben zur Herausforderung machten - mit weitaus wichtigeren Dingen. Dort gab es auch keine Reihenhäuser, geschweige denn Gärten. Die alte Heimat war kalt und dunkel gewesen, dominiert von grauem Beton.

Seit nun schon vier Wochen lebten Karla und Wolle in dieser Reihenhaussiedlung, weit weg von Beton und Dunkelheit. „Kneif mich mal“, pflegte Karla ihren Gatten aufzufordern. „Damit du mir eine scheuerst? Nein, danke“, brummelte Wolle jedes Mal.

„Jetzt wohnen wir hier und wir werden nie wieder umziehen. Das verspreche ich dir, mein Schatz. Da braucht es kein Kneifen“, fügte er heute noch hinzu.

Die Gärten um sie herum waren für sie beide das absolute Highlight. Am nachbarlichen Gemüse konnten sie sich nicht satt sehen und auch gar nicht genug davon kriegen. So sehr sie auch überlegten, sie konnten sich nicht daran erinnern, jemals so

köstliche Möhren gesehen, geschweige denn gegessen zu haben.
In der ersten Woche hatten sie noch voller Ehrfurcht staunend am Zaun gestanden. In der zweiten Woche hatten sie die ersten zaghaften Schritte in Nachbars Garten gewagt. In der dritten Woche war es ihnen nicht mehr gelungen, der Versuchung zu widerstehen. Erstmals hatten sie an den Möhren geknabbert. Der Bann war gebrochen, mit den ersten Bissen ein schier unstillbarer Hunger geweckt. Die Ausflüge in das Gemüsebeet wurden alsbald zum täglichen Ritual.
Unrechtsbewusstsein störte die Freude an diesen Ausflügen nicht. Waren die Früchte der Erde nicht für alle da? Musste man nicht das große Ganze sehen? War es überhaupt angebracht, Grenzen zu setzen und die Nachbarn durch Zäune auszusperren? Zäune waren sowieso einfach nur banal. Für Wolle und Karla stellte der Zaun zum nachbarschaftlichen Grundstück kein Hindernis dar, also ignorierten sie seine Existenz geflissentlich.
An ihnen konnte es nicht liegen, dass sie mit den Nachbarn nicht so richtig warm wurden. Schuld war die Nachbarin, die ganz offensichtlich Haare auf den Zähnen hatte. Trotz allem gingen sie davon aus, dass die von nebenan nicht wirklich etwas dagegen hatten, wenn sie sich von Zeit zu Zeit am reichhaltigen Angebot bedienten. Warum denn auch? Schließlich

war genug für alle da. Irgendwann würden sie sich bei den spendablen Gärtnern revanchieren. Bis dahin könnten die Nachbarn ihre Streifzüge doch als Wertschätzung betrachten.
Wer eine so wunderbare Kinderschar aufzog, der musste im Grunde seines Herzens eine gute Seele sein, daran bestand kein Zweifel.

*

Margot konnte durchaus eine gute Seele sein. Das wusste Harald. Jetzt aber war sie stinksauer. Seit Wochen ärgerte sie sich maßlos über die neuen Nachbarn. Sein Einwand, man könne die Neuen doch mal auf ihr Verhalten ansprechen, lief ins Leere. Neuankömmlinge mussten sich nach den Gepflogenheiten richten! Als Neuling hatte man sich einzuordnen, noch besser wäre es allerdings, sich unterzuordnen.
„Was um Himmels Willen ist daran so schwer zu verstehen?“, echauffierte sich Margot mit hochrotem Kopf mindestens einmal am Tag. Schuld an der Misere war die schlampige neue Nachbarin. Das hatte seine Gattin gleich am ersten Tag erkannt. Wer brauchte schon solche schlampigen und aufgeblasenen Typen!
Harald war nicht minder sauer, denn von einer schlecht gelaunten Margot bekam er zwar immer noch genug zu essen, aber eben nur das und nicht mehr. Gelegenheiten für den Vollzug der ehelichen

Pflichten gab es immer seltener. Zu allem Übel war es bereits Herbst, sodass seine Frau ihn immer öfter mit Kopfschmerzen abwies. Auf den Herbst folgte der Winter, dann war sie noch träger. Was für trübe Aussichten! Mit Grausen dachte er an diese Zeit. All dies führte dazu, dass er den Zorn seiner Gattin über die Nachbarn mittlerweile ohne jede Einschränkung teilte.

Margot ärgerte sich besonders darüber, dass sie im Viertel bereits ganz unverhohlen, versehen mit einer Portion Gehässigkeit, auf die angefressenen Möhren angesprochen wurde. Ihren Ursprung hatte diese peinliche Rederei bei den Nachbarn zur Linken. Die Linkseitigen waren nette, aber leider auch schwatzhafte Zeitgenossen. Und als solche sorgten sie dafür, dass sich die Kunde von den Lücken im Gemüsebeet in Windeseile im Viertel herumsprach. Was für eine Schande!

„Nein!“, rief Margot in diesem Moment und es klang wild entschlossen. „Wir bereiten dem Treiben ein Ende.“

„Was hast du vor?“, fragte er vorsichtig.

Er bekam es mit der Angst zu tun, hatte er doch in ihrer Stimme einen äußerst gefährlichen Unterton vernommen. Das verhieß nichts Gutes. Margot konnte sehr drastisch vorgehen, wenn ihr etwas nicht passte. Ihr war alles zuzutrauen. Das hatte er in den vielen Ehejahren gelernt.

„Willst du Gerüchte über die Neuen in die Welt setzen?“, fragte er in der Hoffnung, dass seiner Gattin eine eher harmlose Aktion vorschwebte. Dann versuchte er, die Situation ins Lächerliche zu ziehen: „Oder willst du denen vielleicht tote Spinnen vor die Wohnung legen?“ Das bekräftigte er mit einem dümmlichen Lachen, was jedoch nicht verfing, denn Margot reagierte nicht im Geringsten. „Jetzt weiß ich es!“, fügte er mit einer gewissen Verzweiflung hinzu. „Wir gehen einfach rüber und reden Klartext, verbieten ihnen ein für alle Mal, unser Grundstück zu betreten. Genau das machen wir, das ist eine gute Idee.“
Die Antwort war Schweigen, noch immer ließ Margot keinerlei Reaktion erkennen und sich nicht in die Karten sehen. Also gab er auf und wartete auf das, was sie ihm verkünden würde.
Nach einer weiteren Schweigeminute eröffnete sie ihm ohne Umschweife: „Wir bringen sie um.“
Sofort schnürte sich seine Kehle zu und er spürte, dass ihm alle Farbe aus dem Gesicht wich. Lästereien, Rangeleien, verschiedenste Streiche gehörten zu Margots Repertoire. Aber Mord!
„Bist du von Sinnen? Das können wir nicht machen!“, stieß er hervor. Doch er wusste, dass es keinen Sinn hatte. Seine Frau ließ sich von ihren Vorhaben nicht abbringen - niemals. Er würde es nicht verhindern können, das war ihm in diesem

Augenblick klar. Ihm blieb nichts übrig, als an ihrer Seite zu bleiben, mit allen Konsequenzen.
„Und wie sollen wir das anstellen?“, fragte er leise, nachdem er sich zuvor vergewissert hatte, dass nicht eines der Kinder in der Nähe war und zufällig mithörte.
„Das überlege ich mir noch“, antwortete sie. Dann ging sie zur Zimmertür und rief: „Zeit für das Abendessen! Jasmin, Sabine, Elisa, Paul, Johann, Sebastian, Max - kommt zum Essen!“
Nachts lag Harald noch lange wach. Die Worte *wir bringen sie um* gingen ihm ständig durch den Kopf. Getreu dem Motto *bis dass der Tod euch scheidet* war er mit seiner Margot stets durch dick und dünn gegangen, sie gehörten zusammen wie Pech und Schwefel. Doch dieses Mal war es anders als sonst. Er fürchtete sich vor dem, was auf ihn zukam. Zwar wusste er nicht, was genau das war, aber es würde sicher schlimm werden. Er bekam regelrechte Panikattacken. Erst kurz vor dem Morgengrauen schlief er endlich ein.

* * *

Am nächsten Morgen herrschte ohne Margots üblichen Redeschwall ungewöhnliches Schweigen beim Frühstück - ganz anders als sonst. Geduldig erwartete er die Antwort auf seine am Vorabend gestellte Frage.

Er wiederholte sie nicht, denn er wusste, dass Margot ihm früher oder später antworten würde. So geschah es dann auch.
„Wir stellen ihnen eine Falle und erwischen sie auf einen Schlag. Rumms, aus die Maus."
Damit war er nicht viel schlauer als vorher, hatte er sich doch etwas Konkreteres erhofft. „Und wie willst du das anstellen?", wiederholte er.
„Das wirst du schon sehen. Im Gartenschuppen befindet sich alles, was wir brauchen", erklärte sie siegessicher.
„Du meinst doch nicht etwa …?" Er sprach nicht zu Ende aus, was er vermutete.
„Genau das, mein Lieber", triumphierte sie.
Damit wurden seine geheimen Befürchtungen wahr. Seine Hoffnung, es würde doch irgendwie nicht so schlimm werden, löste sich schlagartig in Luft auf. Sie wollte zum Äußersten gehen, tatsächlich Ernst machen. *Wir bringen sie um,* war nicht nur so im Zorn dahergesagt. Es war ihr voller Ernst gewesen.
„Aber das ist auch für uns nicht ganz ungefährlich. Außerdem könnte es auffallen", lautete sein letzter verzweifelter Einwand.
„Quatsch, wir tarnen die Stelle, an der es passieren wird. Blattwerk wird sie verdecken und hinterher sieht es sowieso wie ein Unfall aus. Niemand wird uns verdächtigen", beschwichtigte sie ihn. „Kurz vor Mitternacht legen wir los, dann gehen wir auf

Verbrecherjagd. Sie haben es nicht anders verdient", setzte sie noch nach.
Als sie das sagte, glänzten ihre Augen. Sie wirkte regelrecht euphorisiert. Das wiederum fand Harald sehr anregend. Er machte ihr Avancen. Am Abend, als die Kinder schon längst schliefen, wurden sie zu seiner Freude von Erfolg gekrönt. Wenigstens in dieser Hinsicht hatte der dunkle Plan etwas Positives.

* * *

Nachdem Margots innere Uhr sie geweckt hatte, rüttelte seine Frau ihn unsanft aus dem Schlaf. Sie standen auf und schlichen zum Schuppen. Kurze Zeit später verharrten sie voller Ehrfurcht vor dem Gestell mit dem tödlichen Mechanismus. Etwas nervös vergewisserte Harald sich, dass die Luft rein war. Dann schleppten sie es im Schutz der Dunkelheit nach draußen. Dabei gingen sie mit äußerster Vorsicht zu Werke.
Die Aktion erforderte große Anstrengung, nur langsam kamen sie voran. Eigentlich waren sie gar nicht kräftig genug für ihr Vorhaben und hätten Unterstützung gebraucht.
Unter den gegebenen Umständen kam es allerdings kaum in Betracht, die Nachbarn um Hilfe zu bitten. Sie mussten es zu zweit schaffen. Der Ärger über die Störenfriede und Möhrenfrevler verlieh ihnen die erforderlichen Kräfte. Stück für Stück kamen sie

vorwärts. Die Umsetzung von Margots teuflischem Plan schritt voran.
Nachdem es ihnen gelungen war, das Gestell bis zum Gemüsebeet zu befördern, platzierten sie es neben der eindeutig prächtigsten Möhre. Dann machten sie sich daran, den tödlichen Mechanismus zu aktivieren. Die Sache erwies sich als kompliziert, vor allem aber als sehr gefährlich. Ohne sein technisches Geschick und Wissen über die effektive Nutzung von Flaschenzügen wäre es ihnen nicht gelungen. Es war wie so oft in ihrer Beziehung. Margot sprühte vor Ideen, er sorgte für die praktische Umsetzung.
Sie bauten die tödliche Falle weiter auf, nach vollbrachter Arbeit schauten sie sich ihr Werk zufrieden an. Doch etwas fehlte, es bedurfte einer Tarnung aus Blättern und Zweigen. Nach einer halben Stunde akribischer Arbeit war der Mechanismus nur noch für das geübte Auge zu sehen, unabhängig von der nächtlichen Dunkelheit. Auch bei Tage würde die Tarnung ihren Zweck erfüllen. Pünktlich um Mitternacht war es vollbracht. Der nächste Tag konnte kommen.
Sie zogen sich zurück. Vor lauter Aufregung machten sie zunächst kein Auge zu, bis Margot schließlich einschlief. Kurz danach glitt auch er ins Reich der Träume.

*

Am nächsten Morgen stand Wolle schon früh am Zaun und hielt nach einer leckeren Möhre Ausschau. Er musste nicht lange suchen, bis er eine besonders verheißungsvolle Möhre im Visier hatte. Welche Gefahr von dem prächtigen Gemüse inzwischen ausging, davon hatte er nicht die leiseste Ahnung. Ganz wunderbar sah es aus, geradezu verlockend. Diese Möhre musste er unbedingt seiner Angebeteten zeigen. Sie würden gemeinsam in den Garten schlendern und ihrer erst vor kurzem entdeckten Leidenschaft für frisches Gemüse frönen.

Mit einem Wink gab Wolle Karla zu verstehen, dass sie sich zu ihm gesellen sollte. Gern kam seine Liebste dieser Aufforderung nach. Eine Weile standen sie am Gartenzaun und warteten, um dann einträchtig die Grundstücksgrenze zu überschreiten. Es hatte den Anschein, als wären sie ohne ein konkretes Ziel schon früh morgens unterwegs, als würden sie einfach mal den grünen Daumen der Nachbarn bewundern, ohne jeden Hintergedanken.

Hatten nicht schon etliche Anwohner der Siedlung am Wettbewerb der offenen Gärten teilgenommen? Zumindest konnten Karla und Wolle sich das sehr gut vorstellen. Sie wollten nur schauen und gaben sich große Mühe, genau diesen Eindruck zu vermitteln. Scheinbar zufällig näherten sie sich dem Objekt der Begierde. Falls einer der Nachbarn sie beobachtete, was sollte er sich dabei schon denken?

Doch nur, dass sie den Morgen und den Anblick der Gärten genossen, nicht mehr und nicht weniger.

Höflich, wie Wolle nun einmal war, ließ er Karla den Vortritt. Aber seine Liebste bestand darauf, die Möhre gemeinsam aus der Erde zu ziehen. Sie machten immer alles gemeinsam. Wie hieß es bei der Trauung noch gleich? Bis dass der Tod euch scheidet? Sie packten die Möhre beim Schopf und begannen zu ziehen. Stück für Stück zogen sie die Möhre aus der Erde. Je mehr das Gemüse in die Waagerechte kam, umso mehr Schritte machten sie rückwärts – gemeinsam, in stiller Eintracht. Noch ein letzter Schritt, dann wäre es geschafft. Da hörten sie urplötzlich ein Sirren und spürten einen feinen Luftzug. Es blieb keine Zeit, sich umzudrehen und zu erkennen, was da heranrauschte. Ein harter Schlag traf sie mit voller Wucht.

*

Die Nachbarn zur rechten Seite waren schon eine Weile tot, als Harald und Margot aufwachten. Er ahnte, dass es passiert war.

Deshalb verstand er absolut nicht, dass Margot an diesem Morgen besonders lange und ausgiebig frühstückte. Heute schien sie den Tagesanfang besonders zu genießen.

Als sie endlich fertig war, blickte sie ihn auffordernd an. Ihre Augen sagten, dass es nun Zeit war, an den Gartenzaun zu treten und nach dem Rechten

zu sehen. Harald schritt voran, Margot folgte ihm auf dem Fuß.
Dort lagen sie, die neuen Nachbarn zur rechten Seite - auf dem Bauch, die Köpfe zur Seite geneigt, mit starrem Blick. Blut sickerte von ihren Nacken zur Erde. Im Tode vereint hielten sie gemeinsam die Möhre fest.
„Hol unsere Möhre zurück!“, forderte Margot ihn mit scharfer Stimme auf.
Sofort tat er, wie ihm befohlen. Doch die einsetzende Leichenstarre machte es schwer, den Toten das Gemüse zu entwenden.
„Hilf mir mal“, bat er seine Frau. Mit vereinter Kraft bemächtigten sie sich der Möhre.

*

Ambrosius, der fette Kater des übernächsten Nachbarn zur linken Seite, nutzte diesen Moment der Unaufmerksamkeit eiskalt aus. Endlich bot sich ihm die Gelegenheit, die beiden verhassten Mäuse zu schnappen. Mit einem großen Satz erwischte er Harald und Margot gleichzeitig und betäubte sie mit einem Schlag seiner rechten Vorderpfote. Entgegen seiner Gewohnheit nahm er sich dieses Mal keine Zeit für das Spiel. Stattdessen machte er kurzen Prozess. Zu lange hatte er auf diesen Augenblick gewartet.
Die beiden anderen Mäuseleichen interessierten Ambrosius nicht. Tote Mäuse waren eindeutig unter

seiner Würde. Schließlich war er kein Leichenfledderer.
Mit seinen Trophäen trat er den Heimweg an. Margot und Harald hingen schlaff in seinem Maul, vereint durch die Möhre, die sie noch immer umklammerten.

* * *

Ambrosius war schon außer Sichtweite, als ein Auto vor dem Reihenhaus hielt. Es gehörte den Hausbesitzern Dieter und Sabine Jansen, die aus ihrem Kurzurlaub zurückgekehrt waren. Dieter stieg aus und ging an das Heck des Wagens, um die Koffer auszuladen. Seine Frau half ihm nicht, sondern eilte zum Haus.
„Das kannst du doch gleich noch erledigen“, rief sie ihm von der Haustür aus zu. „Mach die Tür auf, ich will nach den Mäuslein sehen.“
Ihr Mann stellte den Koffer ab, ging zu ihr und öffnete die Haustür. Er wollte ihr den Vortritt lassen, was sich jedoch als überflüssig erwies, denn sie stürmte geradewegs an ihm vorbei.
„Lass mich durch! Ich muss nach den Mäusen an der Terrasse sehen. Bestimmt sind die Mäusebabys schon viel größer.“
„Sieh einer an. Dabei hast du doch immer so eine Angst vor Mäusen gehabt“, lachte Dieter.
Früher war das mit den Mäusen in der Tat so eine Sache gewesen - einfach nicht ihr Ding. Als sie vor

vier Jahren in die Reihenhaussiedlung am Rande des Waldes gezogen waren, wandelte sich das allmählich. Die Nähe zur Natur hatte Sabine die Flora und Fauna nähergebracht, so auch die Mäuse, die sich bei näherer Betrachtung als niedliche kleine Wollknäuel entpuppten.

Aus Furcht wurde bald Begeisterung.

Dass im Gartenschuppen noch eine alte Mausefalle lag, hatten Sabine und Dieter gar nicht mehr auf dem Schirm. Der alte Schuppen war inzwischen windschief, einige Latten in Bodennähe so vergammelt, dass die Mäuse dort ein- und ausgehen konnten. Im vergangenen Jahr hatte sich sogar einmal ein Igel durchgezwängt. Im nächsten Jahr würden sie den Schuppen abreißen und durch ein neues Gartenhäuschen zu ersetzen.

Vorsichtig öffnete Sabine die Terrassentür und schaute hinter den Blumenkübel, der an der Mauer zum Grundstück auf der rechten Seite stand. Sieben Mäuslein hockten in ihrem Nest.

„Die kleinen Mäuse sind noch da“, flüsterte sie ihm zu. „Wo wohl die Mäuseeltern sind?“

Mit gefurchter Stirn ging Sabine weiter in den Garten. Plötzlich stieß sie einen spitzen Schrei aus.

„Was ist?“, rief er und eilte seiner Frau zu Hilfe.

Starr vor Schreck stand sie im Garten. Entsetzt blickte sie auf die beiden Mäuse, die im Tode vereint unter dem Schlagbügel einer Mausefalle

klemmten. Nicht nur Sabine war entsetzt über so viel Grausamkeit. Sie hatten keine Ahnung, wer die Mausefalle dort platziert haben könnte. Einige Minuten standen sie still nebeneinander, bis sich die Anspannung löste.
Langsam richtete Sabine ihren Blick hinüber zu den rechten Nachbarn, genauer gesagt, zu den neuen Nachbarn. Noch vor einigen Wochen war alles in bester Ordnung gewesen. Sie waren gut mit den Nachbarn zur linken Seite und auch mit denen zur rechten Seite ausgekommen. Man hatte sich gegenseitig respektiert, sich seiner Hobbys erfreut, vorzugsweise der Hege und Pflege der kleinen Gärten. Dieter hatte einen grünen Daumen, besonders was das Gemüse anging. Die schönsten Möhren gab es in seinem Garten, wie er stolz bei jeder passenden Gelegenheit verkündete.
Sabines Freude an Tieren, die keine Haustiere waren, wurde allerdings nicht von jedem der Nachbarn geteilt. Insbesondere Mäuse standen nicht so hoch im Kurs. Das wussten sie beide. Was Sabine und Dieter jedoch bislang nicht geahnt hatten, war, dass die neuen Nachbarn zur rechten Seite offenbar Mäusehasser und Tierquäler waren. So musste es sein. Wer sonst hätte die Mausefalle in unmittelbarer Nähe zum Nachbarzaun platzieren können?
In Sabine rumorte es offensichtlich, eine unbändige Wut stieg in ihr auf. „In meinem Garten wird kein

Tier mehr getötet“, schnaubte sie. „Wir bereiten dem Treiben ein Ende!“

„Was hast du vor?“, fragte Dieter sehr behutsam, hatte er doch einen äußerst gefährlichen Unterton in ihrer Stimme vernommen.

„Wir bringen sie um.“

Katzenjammer

von Hans Ullrich Rinkelsbach

Die Villa im östlichen Ringgebiet Braunschweigs bot einen würdigen Rahmen für den Confiance Verlag.
Jeder Besucher, der zum ersten Mal das Verlagsgebäude betrat, war von dem großen Messingschild am Hauseingang beeindruckt:

Confiance Verlag
Claudette la Rouge

Ein Salon mit rund achtzig Quadratmetern Fläche bildete das Herz des Unternehmens. Ein großer Garten umgab das Gebäude. Er befand sich in einem eher ungepflegten Zustand und hob sich daher deutlich vom Messingschild ab. Das Gartenhaus, nicht mehr als eine Bretterbude, rundete den heruntergekommenen Eindruck des Gartens ab.
Die Verlagsinhaberin thronte in ihrer Wohnung im ersten Obergeschoss.
Phil hatte seinen Bachelor an der TU Braunschweig abgeschlossen und bereits einen Job in Aussicht. Es galt, die nächsten vier Monate zu überbrücken und etwas Geld zu verdienen. Die Stellenanzeige des Verlags war zur rechten Zeit gekommen. Gesucht wurde ein Assistent der Geschäftsleitung, Eigenverantwortlichkeit und effiziente Büroorganisation

wurden vorausgesetzt. Schon am Abend des Tages der Bewerbung hatte Phil eine Rückmeldung per E-Mail erhalten. Nur zwei Tage später hatte ihn Claudette höchstpersönlich empfangen und in den Salon geleitet.

Absoluter Blickfang des Salons war das große Chesterfield-Sofa, das gemeinsam mit dem mächtigen Schreibtisch die Anmutung eines englischen Adelshauses verbreitete. Ein Mahagoni-Ensemble, bestehend aus einem kleinen Tisch und zwei gepolsterten Stühlen mit Windsor-Rücken, diente als Wartebereich für Besucher. Regale an der Längsseite des Salons reichten bis zur Decke. Sie waren mit einer verschiebbaren Leiter ausgestattet, sodass man auch die obersten Bücher problemlos erreichen konnte. Der Schreibtisch der Verlagschefin stand an der Stirnseite des Raums. Mit seiner Mächtigkeit signalisierte er den Besuchern, dass der Bereich dahinter nur den Verlagsmitarbeitern vorbehalten war. *Bis hierhin und nicht weiter,* schien er zu sagen. Hinter dieser Bastion befanden sich die Eingänge zum Buchlager und zu einem weiteren Raum, an dessen Tür ein Schild mit der Aufschrift *privat* befestigt war.

Ein weiterer Ausstattungsgegenstand stach hervor - ein großes Gemälde, das eine unheimlich fette Katze zeigte, die auf einem Stapel Bücher lag.

Bei der Katze handelte es sich um Audrey Rose, Claudettes Liebling.

Madame La Rouge – Claudette bestand auf dieser Anrede - machte auf Phil einen Eindruck, den er in keine Schublade einsortieren konnte. Er schwankte hin und her zwischen der Anerkennung des Risikos der Selbständigkeit einer Verlagsinhaberin und dem unangenehmen Schauer, der ihn jedes Mal erfasste, wenn sie seine Hand bei der Begrüßung länger als erforderlich festhielt.

Vielleicht aber wollte sie einfach nur nett zu ihm sein. Sein Instinkt sagte ihm allerdings, dass irgendetwas mit ihr nicht stimmte.

Schon am ersten Arbeitstag lernte er Karina kennen. Dank ihrer kommunikativen Art erfuhr er schnell eine Menge über sie. Während des Studiums hatte sie regelmäßig nach Jobs gesucht. Die Stellenanzeige des Confiance Verlags hatte verführerisch geklungen. Als Lektorin zu arbeiten, war schon immer ihr Traum gewesen. Ohne zu zögern und ohne genau zu lesen, hatte sie den Vertrag unterschrieben.

Auch Arnold, den Hausmeister, traf er gleich am ersten Tag. Der Einladung auf ein Bier im Magni-Viertel am selben Abend kam er gerne nach.

Nach dem dritten Glas Duckstein hatte er Arnolds Geschichte in den wesentlichen Zügen intus. Als Frührentner lebte Arnold mehr schlecht als recht von der Grundsicherung und war auf einen Zuverdienst angewiesen. Im Confiance Verlag arbeitete er schon relativ lange. Er trug immer den gleichen grauen Hausmeisterkittel und einen Zopf, mit dem er sein graues Haupthaar bändigte. Seine Werkzeugtasche aus braunem Leder hatte er stets dabei, denn irgendetwas gab es immer zu reparieren.

*

Phils fünfter Arbeitstag war bisher recht ruhig verlaufen. Wieder einmal plauderte er ein wenig mit Karina, während sie in der Pause in der Küche eine Tasse Kaffee tranken.

„Warum meinst du, dass die Unterschrift ein Fehler war?“, fragte er.

Nachdem sich Karina vergewissert hatte, dass niemand in der Nähe war, redete sie sich ihren Frust von der Seele: „Meinen vertraglichen Pflichten nachkommend erscheine ich in jeder Woche an drei Tagen im Confiance Verlag - um zu *putzen*. Es war das verdammte Kleingedruckte, das mir diese miese Putztätigkeit eingebrockt hat. Ich dachte eigentlich, ich kann hier als Lektorin arbeiten. Die inserierte Lektorats-Tätigkeit besteht jedoch nur aus einigen Brosamen, die mir Madame gelegentlich hinwirft. Tatsächlich hat sie nie vorgehabt, Geld in ein anspruchsvolles Lektorat zu investieren, auch nicht in ein weniger anspruchsvolles. Und wenn ich endlich mal einen Text zur Durchsicht bekomme, macht es die Sache auch nicht besser. Das liegt an den Texten, denn die sind fast ausnahmslos schlecht. Und dabei war ich doch mit meinem Textverständnis sozusagen die Lektorin für meine Familie, meine Freunde und meine Kommilitonen. So entstand auch die fixe Idee, dass ich mir während der Studienzeit auf diese Art und Weise Geld dazu verdienen könnte. Soweit der Plan."

„Wenn die Texte alle so bescheiden sind, wie kann der Verlag davon eigentlich existieren?", überlegte er laut.

„Wer ist denn Assistent der Geschäftsleitung, du oder ich?", konterte Karina.

Da musste er sich eingestehen, dass er tatsächlich *nur* der Assistent war, der keinen Zugang zu den wesentlichen Geschäftsunterlagen hatte.

Karina sah ihn eindringlich an. Schließlich fuhr sie fort: „Madame redet den Gutgläubigen ein, sie wären vielversprechende Autoren und veröffentlicht ihre Bücher zu deutlich überhöhten Preisen. Die Einzigen, die diese Bücher dann kaufen, sind die Autoren selbst, in der Hoffnung auf reißenden Absatz. Der bleibt jedoch aus. Außer mitleidigen Freunden und Familienmitgliedern kauft kaum einer die Bücher. Was bleibt, sind Berge von Eigenexemplaren und eine feixende Claudette, die mit dem Verkauf an die Autoren ihr Geld macht. Die utopischen Preise, die sie festlegt, bezahlt im Buchladen

niemand, aber das will sie auch gar nicht. Sie verdient ihr Geld mit den Autorenexemplaren."
„Ist das nicht Betrug?", mutmaßte er.
„Ist es nicht. Mit der Unterschrift unter den Vertrag hängen alle im Netz der Spinne, genau wie ich Idiotin. Man sollte das Kleingedruckte lesen!"
„Vielleicht klappt dein Plan doch noch irgendwann und du kannst später mal als Lektorin arbeiten", versuchte er sie aufzumuntern. „Dein Vertrag ist doch auf die Dauer des Studiums befristet."
„Bis dahin laufe ich Gefahr, meine Freude am Lesen zu verlieren. Aber ich war ja so naiv! Habe mir auf mein Schulfranzösisch etwas eingebildet und *Confiance* wörtlich genommen. Von wegen Vertrauen! Egal, was soll´s? Jetzt ist es sowieso zu spät. Die blöde Claudette hat mich am Haken."
Nur wenige Tage nach diesem Gespräch suchte sie Phil in seinem Büro auf und erklärte ihm wild entschlossen: „Die Texte sind so substanzlos, dass ich inzwischen jedem Manuskript mit großer Abneigung begegne. Es reicht. Ich werde mit Claudette reden."
„Mach das!", stimmte er zu.

*

Voller Zorn wagte Karina es, sich bei der Verlagschefin zu beschweren. Nachdem sie alle Punkte vorgetragen hatte, endete sie mit dem Satz: „Sie haben mich übers Ohr gehauen."

Daraufhin zeigte die bis dahin durchaus charmante Claudette ihr wahres Gesicht. Das tat sie mit einer derartigen Wucht und Bösartigkeit! Darauf war die Karina nicht vorbereitet gewesen. Mit lauter, sich zeitweise überschlagender Stimme warf sie Karina Undankbarkeit und Illoyalität vor. Dann drohte sie unverhohlen mit einer Klage und horrenden Schadensersatzforderungen.
Völlig zerknirscht suchte Karina wieder das Gespräch mit Phil. In der Küche erzählte sie ihm alles.

*

„Du solltest ein Buch über deine Zeit im Verlag schreiben, wenn du hier raus bist“, schlug er ihr mit einem Grinsen im Gesicht vor. „Das wird sicher ein Bestseller.“
„Super Idee, hier gibt es genug Stoff für Satire und Tragödie“, erwiderte sie mit einem Hauch Sarkasmus und seufzte. „Warte einen Moment!“, schob sie hinterher. „Ich glaube, ich habe einen zukünftigen Bestseller auf dem Schreibtisch, ganz frisch reingekommen.“
Prompt verließ sie die Küche. Kurz danach kehrte sie zurück mit einem Manuskript unter dem Arm.
„Auf was darf ich mich diesmal freuen? Mal sehen!“, ätzte sie.
„Oh, etwas über den Frühling. Vielleicht ein Frühlingserwachen? Na ja! Der Autor wird früher oder

später sein böses Erwachen erleben, wenn er bei diesem Verlag anheuert."
„Lass mal hören", forderte Phil sie auf.
Sie räusperte sich, dann las sie voller Inbrunst vor:

„Winter, oh mein Winter,
du gibst dem Frühling die Klinke in die Hand!
Winter, oh mein Winter,
du machst das Feld frei für das Summen und Treiben!
Frühling, oh mein Frühling,
der du wärmst die kalte Klinke des Winters!
Frühling, oh mein Frühling,
ziehst ein in meine Welt!"

„Also wenn ich ehrlich sein soll, mir gefällt es." Phil schmunzelte.
„Echt jetzt?"
„Nein, natürlich nicht. Ich will dich nur veräppeln. Ist wirklich krass. Wer schreibt so etwas?"
Sie reichte ihm das Manuskript. „Der Name des Autors steht auf dem ersten Blatt."
„Max Renneberg?" Nachdenklich verzog er die Stirn. Dann fiel es ihm ein. „Der hat hier bald einen Termin. Madame hat ihn eingeladen."
„Das heißt, er sitzt bald in der Falle", seufzte sie, „genau wie ich - die putzende Lektorin. Oder sollte ich lieber sagen: die lektorierende Putzfrau?"
Schweigend leerten sie ihre Kaffeetassen. „Ich mach dann mal weiter", meinte Karina und nickte ihm zu.

In Gedanken versunken ging Phil zurück in sein Büro. Aus dem Augenwinkel registrierte er noch, wie Karina ihr Putzgerät bereitstellte, um den Salon zu reinigen.
Als er an seinem Schreibtisch saß, fiel ihm etwas ein. „Karina, würdest du bitte nicht gegen Audreys Tür treten, wenn du im Salon putzt? Ich muss mich auf die Einkaufsliste für das Büromaterial konzentrieren“, rief er ihr zu.
„Dann lasse ich sie schlafen, wenn ich dir damit einen Gefallen tun kann“, antwortete sie aus dem Salon.
Audrey Rose kannte Phil nur als Gemälde. Noch nie hatte er diese Katze leibhaftig zu Gesicht bekommen. Als er zum ersten Mal den Salon betreten und Audrey in Öl erblickt hatte, wäre er im Leben nicht darauf gekommen, dass diese fette hellbraune Katze real war und hinter der Tür, über der das Bild hing, ihr Leben fristete. Er wusste, dass auch Karina Audrey bisher nicht in natura erlebt hatte, die Katze aber aus tiefstem Herzen hasste.
An diesen negativen Gefühlen hatte Audrey selbst keine Schuld. Als Madames Liebling befand sie sich schlicht und ergreifend in Sippenhaft. Karinas Abneigung gegenüber Madame hatte sich auf die Katze übertragen und wurde durch eine Katzenhaarallergie noch verstärkt. Beim Reinigen des Salons machte sich Karina oft einen Spaß, um Audrey zu ärgern.

Wenn sie sich der Tür näherte, zischte sie gerne *fette Katze*, so laut, dass Audrey es sicher hören konnte. Dazu trat sie heftig gegen die Tür. Solche Attacken quittierte Audrey jedes Mal mit einem klagenden *Miau*.
„Willst du auch mal gegen die Tür treten?“, rief sie ihm jetzt zu.
„Ach nein“, antwortete er ein wenig amüsiert. Im Grunde stand er Haustieren zwar eher emotionslos gegenüber, ergriff in dieser Angelegenheit jedoch Partei für Karina. Deshalb trat er auch gelegentlich gegen die Tür.
Als er nun auf seine Armbanduhr blickte, stellte er fest, dass es bereits Mittag war. Noch fehlte jede Spur von Arnold. Das wunderte ihn. Er nahm an, dass Arnold mit den Einkäufen beschäftigt war und bald zurückkehren würde. Einer Eingebung folgend ging er nach draußen zum Hintereingang, um zu warten. Ihm war klar, dass Arnold dazu neigte, seine Kräfte zu überschätzen.
Tatsächlich strapazierte der alte Mann genau in diesem Augenblick seine Kräfte beim Schleppen von drei Paletten Katzenfutter. Jede der Paletten enthielt vierundzwanzig Dosen zu je vierhundert Gramm, sodass er rund dreißig Kilo Katzenfutter in seinen Armen hielt. Er konnte die Paletten kaum fassen, als er sie im Kofferraum seines kleinen FiatTransporters anheben wollte. Während er also seine Fracht mit

Mühe Richtung Salon schleppte, warteten im Fiat noch neun weitere Paletten auf den baldigen Transfer.
Als Arnold den Eingang der Villa erreicht hatte, öffnete Phil ihm die Tür. Mit letzter Kraft schleppte Arnold die Paletten bis vor das Buchlager und schloss die Tür auf. Der Raum war für alle anderen tabu, daher nutzte Phil diesen Augenblick und warf einen Blick hinein. Erkennen konnte er kaum etwas, nur jede Menge Dosen und Kartons. Die waren spärlich beschriftet. Was darauf stand, konnte er aus der Entfernung und ohne Licht im Raum nicht lesen.
„Sag mal, ist das eigentlich ein Buchlager oder eine Futterstation, Arnold?", wollte er wissen, als der die erste Palette in den Raum trug.
„Für dich ist es das Buchlager, in dem ich nur ab und zu eine Palette Katzenfutter abstelle", hallte es dumpf aus dem Raum. Dann holte Arnold die zweite Palette und erklärte: „Madame hat nur mir einen Schlüssel dafür gegeben. Außer ihr habe also nur ich Zutritt."
Nachdem der Hausmeister auch die dritte Palette Katzenfutter verstaut hatte, trat er wieder heraus und schloss die Tür sorgfältig ab. Den Schlüssel drehte er zweimal um, anschließend fasste er auch noch zweimal auf die Klinke.
Dann warf er Phil einen eindringlichen Blick zu und meinte: „Ich stelle mich nicht an, ich möchte nur

meinen Job nicht verlieren. Du weißt doch, wie eigen sie ist. Diesen Raum dürfen nur autorisierte Personen betreten."
„Ist mir sowieso egal, was sie dort hortet", erwiderte er nicht ohne Hintergedanken. Vielleicht würde er durch sein vermeintliches Desinteresse sein Gegenüber doch noch aus der Reserve locken.
Arnold biss an, blickte sich kurz um und plauderte dann munter drauflos, allerdings sehr leise: „Das ist der ganze Lagerbestand an Büchern, sozusagen das Kapital von Confiance, zumindest offiziell."
„Viel ist das nicht, auf jeden Fall nicht so viel, wie Madame immer großspurig behauptet", meinte Phil.
„Mag sein, mir als Hausmeister kann es egal sein", erwiderte Arnold leicht genervt.
„Sag mal, magst du eigentlich Katzen?", fragte er.
„Soll das etwa ein Witz sein? Nur gut, dass Audrey immer in den Privatgemächern der Chefin bleibt. Die muss ich nicht betreten, als Hausmeister kümmere ich mich nur um die Verlagsräume. Das Katzenzimmer gehört zum Glück nicht dazu. Außerdem geht das Schleppen der Dosen auf die Knochen. Auch deshalb hasse ich Katzen."
Damit war Arnold ja nicht die einzige Person im Verlag. Eigentlich gab es außer Claudette niemanden, der Audrey mochte.
Bislang hatte er nicht hinterfragt, was Arnold dazu bewegt hatte, beim Confiance Verlag anzuheuern. Er

fand, es war an der Zeit für Aufklärung. „Wie bist du eigentlich in diesem Laden gelandet? Hast du auch was unterschrieben, ohne vorher das Kleingedruckte zu lesen? Oder hast du ein dunkles Geheimnis, mit dem dich Madame erpresst?“, fragte er ohne Umschweife.

Für einen Moment blickte Arnold ihn an und sagte nichts. Dann verengten sich seine Augen, das rechte Lid zuckte kaum erkennbar. „Ich möchte nicht darüber sprechen.“

Phil grinste ihn an. „Also - hast du?“

„Habe ich was?“, stellte sich Arnold unwissend.

„Ein dunkles Geheimnis, was denn sonst?“, bohrte er weiter.

„Komm, wir setzen uns aufs Sofa“, meinte Arnold. „Dann werde ich deinen Wissenshorizont erweitern, bevor du mir noch länger ein Loch in den Bauch fragst.“

Damit hatte er nicht gerechnet. Innerlich jubelte er, als er neben Arnold auf dem Sofa Platz nahm.

„Ich bin froh, dass ich hier überhaupt arbeiten darf. Das mag komisch klingen, aber so ist es. Und ja, ich habe ein dunkles Geheimnis. Ist nicht wirklich schlimm, aber auch nichts, mit dem ich Werbung machen würde. Übrigens schon mal gar nicht für Katzenfutter.“

Phil stutzte. Das verstand er nicht. Geduldig wartete er.

Nach einer kurzen Pause fuhr Arnold fort: „Hast du schon mal versucht, mit einer Vorstrafe einen Job zu bekommen?“
„Vorstrafe? Das ist also dein dunkles Geheimnis. Darf ich fragen, was du angestellt hast?“
„Was mit Katzen“, nuschelte Arnold.
„Was mit Katzen?“, wiederholte er langsam. „Wie meinst du das?“
Prompt ließ Arnold die Katze aus dem Sack: „Tierquälerei.“
Dann geschah etwas Ungewöhnliches. Aus Audreys Zimmer war ein langgezogenes, wehklagendes *Miau* zu vernehmen. Viele Menschen vermuten ja, dass Katzen einen siebten Sinn haben. Audrey schien auf jeden Fall ein gutes Gehör zu haben.
Wahrscheinlich hat sie den Unterton in Arnolds Stimme vernommen, als der sein dunkles Geheimnis offenbarte, überlegte Phil. „*Was mit Katzen* war also Tierquälerei?“, schlussfolgerte er.
Erneut erklang ein *Miau* aus Audreys Gemächern.
„Ja, Tierquälerei, aber nur offiziell!“ Das klang beinahe so, als würde Arnold um Verständnis bitten.
Abrupt sprang er vom Sofa auf. „Du hast Katzen gequält? Das ist ja widerlich!“
„Traust du mir das wirklich zu? Ich hasse Katzen zwar, aber ich habe nie ein Tier gequält. Leider hat es das Gericht anders gesehen. Die Richterin glaubte mir kein Wort, sondern der blöden, reichen alten

Tussi, die behauptete, ich hätte ihre Katze absichtlich mit dem Aufsitzmäher überfahren. Die hatte sowieso dauernd was zu meckern und wollte mich als Gärtner loswerden. Die hat nur auf eine passende Gelegenheit gewartet. Das war in Wahrheit ein ganz übles Komplott. Eines Tages hat Madame ein Buch von ihr veröffentlicht. Die beiden kannten sich also. Madame hat die Sache mit der Katze schamlos ausgenutzt. Seitdem arbeite ich hier für einen Hungerlohn. Ich habe nichts unterschrieben, ich werde erpresst. So sieht es aus. Ein Unfall. Das ist meine Geschichte."

Das wollte Phil nicht so recht glauben. „Du hast eine Katze mit dem Rasenmäher niedergemacht?", presste er hervor.

„Ich habe es nicht mit Absicht getan. Schuld war nur das verdammte Smartphone. Hätte ich nicht versucht, während der Fahrt eine Whats-App zu schreiben, hätte ich die Katze ganz sicher gesehen und das Unglück verhindern können. Eines kannst du mir glauben: Seit dem Tag lasse ich am Steuer die Hände vom Smartphone", beteuerte Arnold.

Zwar fand er die Erklärung plausibel, trotzdem war er irritiert. „Ich möchte mir gar nicht vorstellen, wie schrecklich es für die Katze gewesen sein muss, in das Mähwerk zu geraten", brachte er stockend heraus.

„Weißt du eigentlich, wie lange man braucht, bis man das Mähwerk eines Aufsitzmähers vollständig von einer Katze gereinigt hat?“ Arnold lächelte süffisant, trug er doch das Geschehene inzwischen mit Galgenhumor.

„Igitt, hör auf damit!“, schimpfte Phil. Seine Empörung war jedoch nur gespielt. Er verschränkte die Arme hinter dem Rücken und schritt langsam zu Audreys Tür.

„Du, Arnold“, säuselte er mit einem Augenaufschlag, „hast du eigentlich noch deinen Aufsitzmäher?“

Noch bevor Arnold antworten konnte, erschien Claudette im Salon.

*

Seine Peinigerin stand ihm gegenüber und sah aus wie an jenem Tag vor gut sechs Jahren, als Arnold ihr zum ersten Mal begegnete. Wie alt sie war, wusste er nicht und es interessierte ihn auch nicht. Diese Frau war definitiv nicht sein Typ.

Claudette trug gern extravagante Kleidung und legte schwere Parfüms auf. Der Spur konnte man über Hunderte Meter folgen. Ihre wallenden Gewänder verdeckten die dickliche Figur; Hüte aller Spielarten bändigten ihr fuchsrot gefärbtes Haar.

Nach dem Gespräch mit Phil fühlte er sich dem Vergangenen gerade sehr nah.

Bei Claudettes Anblick kam ihm das erste Treffen wieder in den Sinn, gleichzeitig kam ihm die Galle hoch.

* * *

Was vor sechs Jahren geschah ...
Er verrichtete gerade seine Arbeit im Garten von Frau Reitmeier. Die Dame des Hauses war nicht knauserig. Als Witwe eines Ministerialdirektors mit einer dicken Witwenpension kannte sie Geldsorgen nur vom Hörensagen. Arnolds Arbeitgeberin gab sich gern kulturell. An besagtem Tag hatte sie ihr Kaffeekränzchen zu einer Lesung eingeladen. Während Arnold einige Büsche zurückschnitt, genoss er freien Blick auf die Gesellschaft. Einige *Ahs* und *Ohs* ließen ihn aufmerken. Die Ausrufe der Entzückung galten dem Auftritt von Claudette la Rouge, Inhaberin und Geschäftsführerin eines etablierten Verlags, wie er am nächsten Tag erfahren sollte. Frau Reitmeier prahlte vor ihren Freundinnen damit, dass die Autorin höchstpersönlich aus ihren Werken vorlas.

Nach jenem Tag war Claudette oft zu Gast im Hause Reitmeier. Eines Tages weilte sie im Garten, um eine ganz private Lesung nur für Frau Reitmeier abzuhalten. Er mähte mit dem Aufsitzmäher den Rasen. Es war ein Monster von einem Rasenmäher, ein Husqvarna-Profi-Allrad-Frontmäher. Der Listenpreis lag deutlich über zehntausend Euro. Für ihren

Garten war Frau Reitmeier nichts zu teuer. Der massive Aufsitzmäher hielt sich fast von allein in der Spur. Das Gerät fuhr quasi von selbst.

Er hatte sogar schon während der Fahrt in einem Buch gelesen. Diese Sorglosigkeit hatte ihm allerdings einen Rüffel von Frau Reitmeier eingebracht. Deshalb war er dazu übergegangen, sich während des Mähens mit seinem Smartphone zu beschäftigen, was nicht so sehr auffiel So zog er an diesem Tag mit dem Aufsitzmäher seine Bahnen. Dabei schrieb er eine Whats-App nach der anderen in der Gruppe *Altersarmut ist kein Zuckerschlecken*, in der er sich gemeinsam mit anderen Rentnern auf humorig sarkastische Weise über ihre Schicksale austauschte.

Diese lieb gewordene Angewohnheit sollte zu einem tragischen Unfall führen und auf grausame Weise das Leben von Kater Morle, Frau Reitmeiers Liebling, beenden. Rückblickend handelte es sich um eine unglückliche Verkettung von Umständen. Morle befand sich zur falschen Zeit am falschen Ort. Dieser Ort war die Hofeinfahrt, in der sich der schwarze Kater sonnte.

An jenem rabenschwarzen Unglückstag, der Morles letzter Tag sein sollte, näherte sich Herr Rübeling, ein gerade in das Viertel zugezogener Neubürger, dem Grundstück. Begleitet wurde er von seinem Rüden Hasso, einem belgischen Schäferhund mit äußerst aggressivem Gemüt. Das Tier zog Herrn Rübeling mehr über den Gehweg, als dass sein Herrchen mit ihm Gassi ging. Der Schäferhund bereitete der trügerischen Ruhe ein jähes Ende. Er riss sich von seinem Herrchen los, brachte Herrn Rübeling dabei zu Fall und stürzte sich auf die Katze.

Morle fegte um die Villa, überwand eine Hecke und lief schnurstracks auf den Rasen zu. Hasso prallte in die Hecke und versuchte unter wütendem Gebell vergeblich, diese zu überwinden. Sie erwies sich aber als zu hoch für ihn. Die Katze schien gerettet. Leider kreuzte sich ihr Weg mit dem Aufsitzmäher. Arnold, der sich just in diesem Augenblick über eine neue Gruppennachricht amüsierte, sah Morle nicht herannahen. Die Chance, das Lenkrad herumzureißen, war nur von kurzer Dauer und schnell vertan.

Morle prallte vor den Rasenmäher, wurde in das Getriebe gezogen und darin augenblicklich zu Katzengulasch verarbeitet. Das Mähwerk stockte kurz. Arnold vernahm zunächst ein schmatzendes Geräusch. Das stammte von Morles Knochen, die innen am Gehäuse schliffen. Dann hörte er ein Kreischen. Sofort ließ er sein Handy fallen und stoppte augenblicklich den Mäher. Dass etwas Schlimmes passiert sein musste, ahnte er. Frau Reitmeiers entsetzte Schreie nahm er nur am Rande wahr. Sie hatte alles mit angesehen und lief nun auf den Rasen, gefolgt von Claudette. Hinter der Hecke bellte der belgische Schäferhund unaufhörlich weiter, bis Herr Rübeling angehumpelt kam, ihn wieder an die Leine nahm und vom Grundstück schlich. Das Bellen wurde leiser, bis es schließlich verstummte.

„Oh Gott! Mein armer schwarzer Kater!“, wimmerte die um ihr Liebstes beraubte Frau Reitmeier.

Dann sackte sie zu Boden. Gemeinsam mit Claudette konnte er die Arme gerade noch auffangen. Unter Stöhnen schleppten sie die Ohnmächtige zur Terrasse.

„Ich muss den Mäher sauber machen“, war das Einzige, was er herausbrachte.

Dann ließ er die beiden Frauen allein auf der Terrasse zurück und kümmerte sich um sein Arbeitsgerät. Eine Katze hatte er noch nie überfahren, allenfalls mal eine Weinbergschnecke. Er holte einen Schuhkarton aus dem Keller, bockte den Aufsitzmäher auf und fing an, Morle einzusammeln. Die Überreste legte er in den Karton. Um die Katze vollständig aus dem Mähwerk zu entfernen, musste er einen Spachtel zu Hilfe nehmen. Das alles kostete ihn große Überwindung. Schließlich versuchte er noch, Morle halbwegs ansehnlich herzurichten, für den Fall, dass Frau Reitmeier vor der Beisetzung noch einen Blick in den Karton werfen wollte. Die

geborgenen Reste erwiesen sich jedoch als zu klein für ein ansprechendes Arrangement. Da gab es einfach nichts mehr herzurichten.
Nach einer guten Stunde hatte er die Spuren des Gemetzels beseitigt und wollte nach der armen Frau Reitmeier sehen. Die war inzwischen von Claudette ins Haus verfrachtet worden. Claudette fing ihn im Flur ab und erklärte, sie würde sich um alles kümmern. Geduldig hörte sie ihm zu: Er hätte den Karton mit Morle erst einmal im Keller in die Tiefkühltruhe gelegt, später würde er gern im Garten ein Loch für Morles Begräbnis buddeln. Frau Reitmeier solle ihm einfach Bescheid sagen. Claudette versprach, alles auszurichten.
Eigentlich ist Frau La Rouge ja ganz nett, dachte er noch, als er diesen außergewöhnlichen Arbeitstag beendete und das Grundstück verließ. Das sollte sich als kapitaler Irrtum erweisen.
Zwei Wochen lang wartete er vergeblich auf einen Anruf von Frau Reitmeier. Er machte sich Sorgen, befürchtete, sie könnte durch den Schock doch sehr viel mehr gelitten haben, als es den Anschein gehabt hatte. Also beschloss er, sie zu besuchen.
Auf sein Klingeln hin öffnete sie die Haustür einen kleinen Spalt und drückte ihm wortlos einen Briefumschlag in die Hand. Der kleine Spalt schloss sich wieder. Er hielt seine Kündigung in Händen. Zwar war es nur ein Nebenjob ohne Arbeitsvertrag gewe-

sen. Trotzdem hatte sie ein Kündigungsschreiben aufgesetzt. Als Kündigungsgrund führte sie *Mord* an.

Nach weiteren zwei Wochen lag eine Vorladung der Polizeiinspektion in der Friedrich-Voigtländer-Straße in seinem Briefkasten. Er fand sich zur Vernehmung ein und hörte sich die Tatvorwürfe an. Ihm wurde Tierquälerei vorgeworfen, was nach § 17 Tierschutzgesetz mit Freiheitsstrafe bis zu drei Jahren oder mit Geldstrafe geahndet wurde. Der Polizeioberkommissar schien besonnen und ihm gegenüber unvoreingenommen zu sein.

In der Annahme, diesen absurden Vorwurf schnell aus der Welt räumen zu können, schilderte er seine Sicht der Dinge: „Herr Oberkommissar, wenn Sie sich das mal genau durchlesen, werden Sie sicher feststellen, dass das mit diesem Paragrafen so gar nicht auf meinen Fall zutrifft. Dieser Tatbestand des Tötens ohne vernünftigen Grund passt zum Beispiel überhaupt nicht. Ich hatte nämlich den Auftrag, den Rasen zu mähen und das war ganz eindeutig ein vernünftiger Grund. Und außerdem kann gar nicht die Rede davon sein, dass ich der Katze erhebliche Leiden zugefügt habe. Die war doch sofort tot und hat nichts von dem kleinen Malheur mitbekommen. Die Sache ist eindeutig und daher plädiere ich auf nicht schuldig.“

„Ich halte das für eine ziemlich durchschaubare Ausrede“, entgegnete der Polizist. „Aber das muss ich nicht beurteilen, es ist Sache des Richters. Der wird Ihre Aussage und die der Zeugen anhören, bewerten und sein Urteil fällen.“
Da wurde ihm mulmig zumute. Er ahnte, dass die Sache nicht gut für ihn enden würde.
Es kam zur Verhandlung vor dem Amtsgericht Braunschweig. Frau Reitmeier erschien in schwarzer Trauerkleidung, begleitet von Claudette la Rouge, ebenfalls dunkel verhüllt. Zunächst schilderte Arnold seine Sicht der Dinge. Er beteuerte seine Unschuld und vor allem sein Mitgefühl. Schließlich habe er nichts gegen Katzen. Es sei ein tragischer Unfall gewesen.
Danach befragte der Richter die beiden Frauen. Da traute Arnold seinen Ohren nicht. In der Version der Damen hatte er absichtlich auf die Katze zugesteuert und kurz davor noch Gas gegeben, um das Tier auch ganz sicher mit dem Mähwerk zu erwischen. Claudette schwor, dass es genau so gewesen wäre und Frau Reitmeier bestätigte den Sachverhalt. Auf Arnolds Hinweis, dass die Hausherrin doch ohnmächtig gewesen wäre, erklärte Frau Reitmeier, sie hätte alles genau aus dem Augenwinkel mit angesehen.
Der Richter glaubte den Damen und verurteilte Arnold zu zwei Jahren auf Bewährung und einer

saftigen Geldstrafe. Er war fassungslos. Das hatte er einfach nicht verdient, es war ungerecht. Claudette spielte ein mieses Spiel.
Nach der Verhandlung drückte sie ihm ihre Visitenkarte in die Hand. „Falls Sie einen Job brauchen, melden Sie sich einfach bei mir. Ich suche noch einen Hausmeister. Denken Sie mal darüber nach. Es ist nicht leicht, als Vorbestrafter eine Arbeit zu finden.“
Claudette behielt Recht. Die potentiellen Arbeitgeber, vornehmlich Witwen, wussten offenbar alle von seinem dunklen Geheimnis.
Braunschweig schien in dieser Hinsicht ein Dorf zu sein. Entnervt griff er irgendwann zu Claudettes Karte und rief an.
„Das ist aber schön, dass Sie sich an mich erinnern“, säuselte ihre zuckersüße Stimme am anderen Ende der Leitung. Da war keine Spur mehr von der Härte, mit der sie dem Richter den angeblichen Tathergang geschildert hatte.
So wurde Claudette ein paar Monate nach dem Unfall Arnolds Chefin. Zwar war die Arbeit durchaus auszuhalten, doch die Launen der Verlagschefin waren zuweilen anstrengend und absurd. Um den Job nicht zu verlieren, machte er gute Miene zum bösen Spiel.

* * *

Zurück im Hier und Jetzt …
„Sie sollen nicht quatschen, sondern das Katzenfutter ins Lager bringen!“, herrschte Claudette ihn an.
„Ja, Madame La Rouge.“
„Schließen Sie das Lager auch immer sorgsam ab?“
„Aber natürlich, Madame La Rouge.“
„Was stehen Sie hier rum und halten Maulaffen feil? Sputen Sie sich gefälligst!“
„Ich bin schon unterwegs, Madame La Rouge.“
Arnold eilte an Phil vorbei zurück zum Auto, Claudette verschwand in Audreys Refugium.

*

Kopfschüttelnd verzog Phil sich in sein Büro. Arnolds Geschichte und die Situation im Verlag beschäftigten ihn. Die Dinge entwickelten sich in eine Richtung: Claudette und Audrey gegen den Rest der Welt, genauer gesagt gegen Arnold, Karina und ihn.
Nach und nach fand er so einiges über den Verlag und seine Inhaberin heraus. Claudettes wirklicher Name war Hannelore Müller. Neben der Abzocke von naiven Schreibern durch absurd teure Autorenexemplare für den Eigenbedarf überzog sie die Abtrünnigen, die dieses Spiel durchschauten und die Verträge kündigten, mit Schadensersatzforderungen wegen angeblich bereits gedruckter Bücher. Doch diese Bücher waren in Wirklichkeit nie gedruckt

worden. Die Druckerei, die den Buchdruck bescheinigte, steckte mit ihr unter einer Decke. Im Bücherlager befanden sich weit mehr Dosen mit Katzenfutter als Bücher.
Dieses gut gehütete Firmengeheimnis konnte er Arnold noch entlocken. Der wusste es schon länger, hatte aber geschwiegen, um seinen Job nicht zu verlieren. Karina war zu schwach, um sich dem Kampf mit Madame zu stellen. Es lag also an ihm, Phil, Schwung in die Sache zu bringen. Wenn die Spinne nicht von der Beute im Netz ließ, musste die Spinne eben weichen.

*

„Madame La Rouge, hier im östlichen Ringgebiet wurde zuletzt vermehrt eingebrochen, wir sollten auf der Hut sein", warnte er Claudette eines Tages. „Sie sollten besonders auf das Buchlager achten. Immerhin lagert dort ein nicht unerheblicher Teil des Firmenkapitals."
„Worauf wollen Sie hinaus?", hakte Claudette nach.
Darauf hatte er nur gewartet. „Die Einbrüche passieren meistens kurz vor Mitternacht. Außerdem habe ich gehört, dass die Gangster auch vor der Entführung von Haustieren nicht zurückschrecken."
„Um Himmels Willen!", entfuhr es Claudette.
„Am besten wäre es, wenn sie höchstpersönlich kurz vor Mitternacht nach dem Rechten sehen, vor allem im Buchlager", schlug er wohlmeinend vor.

Er wusste genau, dass Claudette aus Angst um ihre geliebte Katze schon in derselben Nacht nach dem Rechten sehen würde.

*

Karina entdeckte Madame La Rouge am nächsten Morgen im Buchlager unter einer Unmenge Konservendosen, jede gefüllt mit vierhundert Gramm leckerem Katzenfutter. Die Polizeibeamten rätselten darüber, wie es passieren konnte, dass die an drei Seiten des Lagers befindlichen Regale umkippten und die Dosen die Verlagschefin begruben. Der hinzugerufene Arzt mutmaßte, dass Madame in dieser extremen Stresssituation einen Herzinfarkt erlitten habe, wollte aber dem Ergebnis der Obduktion nicht vorgreifen.

Was weder die Polizei noch der Arzt ahnen konnten - Claudette war über eine Schnur gefallen, die mit den oberen Regalfächern verbunden war. Dabei wurde eine Kettenreaktion in Form einer Dosenlawine ausgelöst. Die Schnur hatte Arnold dann entfernt. Dieser Teil der Umsetzung von Phils Plan war schwierig gewesen, da Arnold länger als vorgesehen brauchte, um die Schnur aus dem Dosenberg zu entfernen. Mehrfach musste er Claudettes Füße anfassen, dabei wurde ihm schwummrig, weil das schwere Parfüm der Toten in der Luft hing.

Bis zur Klärung des Nachlasses erlaubte sich Phil, die geprellten Autoren über die Machenschaften des Confiance Verlags aufzuklären und alle Verträge im Sinne der Betroffenen aufzulösen.

Audrey Rose landete im Biberweg im Braunschweiger Tierheim, wohin sie von Arnold verfrachtet wurde. Seine Freude über die Entwicklung im Verlag verschaffte ihm eine derart positive Ausstrahlung, dass er unverhofft eine Anstellung als Hausmeister im Tierheim erhielt.

Karina verschlug es nach Beendigung ihres Studiums nach Mainz, wo sie als Mitarbeiterin in einem vorzüglichen Lektorat anheuerte.

Phil traf Claudette noch ein letztes Mal auf dem Braunschweiger Hauptfriedhof. Dort hatte sie auf Feld fünfzehn in unmittelbarer Nähe des Mausoleums ihre letzte Ruhe gefunden unter einem schmucken Grabstein mit der Aufschrift:

Hier ruht Claudette la Rouge,
Katzen und Bücher waren ihr Leben

Er legte eine Dose Katzenfutter auf das Grab. Dann verließ er den Friedhof durch den Haupteingang, stieg in die Linie vier und schloss das Kapitel Confiance Verlag.

Ein Joint für alle Fälle

von Martina Türschmann

Prolog
Dieser Sausack hatte einfach alles! Mit was für einer Selbstverständlichkeit der bestimmte, wie sie vorzugehen hatten. Als ob so ein kleines Päckchen diesen Aufriss wert war. Das Risiko, erwischt zu werden, war viel zu groß. Aber was sollte er machen? Er wollte dazugehören.
Doch nun stand er breit grinsend vor dem geöffneten Kofferraum. Wie alles hier im schottischen Nirgendwo war das Auto nicht abgeschlossen.
Schnell steckte er den Plastikbeutel mit dem Stoff ein. Sein Blick flog über den restlichen Inhalt. Das war eine Einladung! Gut, dass sie vom Sport kamen und ihre Taschen dabei hatten. Gierig griff er zu.
Viel zu früh kam die Dealerin aus dem Bahnhofsklo. Zum Glück passten die zwei Idioten auf. Sie stießen Smokey zwischen die Müllsäcke, er duckte sich hinter den Kofferraumdeckel. Höchste Zeit, zu verschwinden! Kurz danach rannten sie durch die nächtlichen Gassen.
„Besser, wir trennen uns", schlug der Sausack atemlos vor und kam vor dem Friedhofseingang zum Stehen. „Gib mir das Päckchen. Wir treffen uns nachher bei dir."

Obwohl er wütend war, hielt er den Mund und folgte der Aufforderung. Im nächsten Moment ertönte ein Schuss. Die Alte besaß eine Knarre und sie war ihnen schon auf den Fersen! Seine Nackenhaare stellten sich auf.

„Nehmt ihr den Weg zum Hafen", bestimmte der Sausack und spurtete los, lief im Zickzack zwischen den Gräbern hindurch.

So schnell er konnte, rannte er zusammen mit dem anderen Mistkerl zu den Booten. Dort trennte er sich von ihm.

***

Gespenstisch kroch der Nebel über den nächtlichen Friedhof. Mary kniete vor ihrem Grab. Langsam richtete sie sich auf. Sie war einfach zu alt. Es war an der Zeit, den Weg nach oben anzutreten. Suchend glitt ihr Blick über die Grabsteine. Zwar versperrte ihr der Rhododendron die Sicht, aber sie nahm an, dass die hübsche Frau wieder weinend auf der Bank vor der Kirchenmauer saß. Seit der Beerdigung vor drei Tagen verbrachte sie jede Nacht hier, trauerte um ihren verstorbenen Freund.

Auf dem Grab vom alten Armstrong hatte man ihn gefunden. Erschossen. Einfach unglaublich. Wer zum Teufel - sie bekreuzigte sich schnell - tat so etwas. Wobei - wenn sie an früher dachte, Mord und Totschlag gab es seit jeher. Daran hatte die sogenannte Zivilisation nichts geändert, auch wenn

die *Sitten* heute feiner waren. Als sich eine knochige Hand auf ihre Schulter legte, wandte sie den Kopf und blickte in Janets tief liegende Augen.
„Ist sie schon da?“, fragte ihre Freundin. „Das arme Ding.“
„Ja, lass uns zu ihr gehen.“ Mary ließ ihre oberen Wirbel knacksen. Dann massierte sie sich die knochigen Schläfen. „Wird Zeit, dass langsam Ruhe einkehrt. Bei all dem Trubel fühle ich mich wie gerädert.“
„*Gerädert*“, brummte Janet. „Als ob du wüsstest, wie sich das anfühlt. Du wurdest gehängt. Immer noch besser als der Scheiterhaufen wie bei deiner Schwester, der Hexe.“
„Die Anni war keine Hexe.“ Mary schnaubte. „Sie war einfach nur blitzgescheit im Oberstübchen. Konnte ihren Mund nicht halten. Hat der Geistlichkeit halt nicht gepasst.“ Jetzt stutzte sie und sah an Janet vorbei. „Ja, wer kommt denn da? Das ging aber geschwind.“
Janet folgte ihrem Blick und zog Mary hinter einen Grabstein. Kichernd gingen sie in Deckung.
„Das ist doch der Friedhof St. Clement. Wie komme ich denn hierher, mitten in der Nacht?“, rief ein junger Mann, gekleidet in einen schwarzen Anzug. Dann hallte sein Lachen über die Gräber. „So bekifft war ich noch nie. Tja, das Zeug von Smokey ist eben gut. Ich fühl mich so leicht.“

Was war das denn für einer? Mary richtete sich etwas mehr auf und beobachtete ihn genauer. Der Mann tänzelte zwischen den Gräbern in ihre Richtung. „Weißt du, was der mit *bekifft* meint?“, raunte sie Janet zu. Dann ging sie wieder in die Hocke.

Achselzuckend schüttelte Janet den Kopf.

„So einen Filmriss hatte ich noch nie. Alan? Thomas? Wo seid ihr?“, rief der Kerl. Eine Weile blieb es ruhig. Dann fuhr er fort: „Thomas, sei nicht blöd. Ihr könnt rauskommen. Ich habe deinen Entenarsch schon entdeckt.“

Mary glaubte, sich verhört zu haben. Außer ihnen war doch niemand hier? Irritiert drehte sie sich um und stellte fest, dass ihr Po hinter dem Grabstein hervorlugte. „Meint der mich? Hat der gerade zu meinem Hinterteil *Entenarsch* gesagt?“, flüsterte sie.

Janet grinste breit, was ihrem Schädel kein besonders gutes Aussehen verlieh. Dann nickten sie sich zu, machten ernste Gesichter und kamen langsam in die Höhe.

Der Neuling fuhr zusammen. „Waaas? Wer seid ihr denn?“, stieß er hervor, keuchte, starrte zu ihnen herüber. „Ich muss immer noch auf Droge sein. Jetzt bloß kein Horrortrip zum Abschluss.“ Langsam wich er zurück.

„Manieren hat er jedenfalls keine“, murmelte Mary. „Wir sind doch nicht aus einem Gruselkabinett.“

„Na ja, eine Tote mit der Bürde deines Gesichts“, erwiderte Janet trocken.

„Nichts für ungut, meine Liebe“, knurrte sie. „Du wirst mit der Zeit auch nicht schöner. Es hat einen Grund, dass hier keine Spiegel hängen.“

„Zwei Gespenster!“, japste der Neuankömmling. „Wer hätte gedacht, dass ich Geister sehen kann.“

„Er hat es schnell kapiert“, stellte Janet fest.

„Hat er nicht. Wirst sehen, das böse Erwachen folgt sogleich.“ Behutsam näherte sich Mary ihm mit ausgestreckter Hand. „Ich heiße Mary Folderol, geboren 1736, hingerichtet 1772, seitdem hier verscharrt.“ Sie deutete hinter sich. „Das ist Janet Schnook.“ Dann drehte sie sich zu ihrer Freundin um und fragte: „Geboren?“

„In einem Planwagen“, antwortete Janet, hob ihr Leichentuch ein wenig an und knickste höflich. „Willkommen im Jenseits. Beeindruckend, wie schnell du es aus deinem Grab geschafft hast. Normalerweise brauchen die Neuen länger.“

„Eine Mottoparty. Cool. Fast hättet ihr mich drangekriegt.“ Der Typ lachte auf. „Jasper“, stellte er sich vor. „Jasper Brown und sicher kein *Neuer* im Ort.“ Zögernd näherte er sich, wobei er Marys ausgestreckte Hand ignorierte. „Ich bin hier geboren, aufgewachsen und bald werde ich Vater.

Wahrscheinlich werde ich auch hier sterben, jetzt allerdings noch nicht." Ein schräges Grinsen huschte über sein Gesicht.
„Er erinnert sich nicht", wisperte Janet ihr zu.
Jasper spitzte die Ohren. „An was soll ich mich denn erinnern", fragte er.
„Na zum Beispiel daran, wer dich erschossen hat", half ihm Mary auf die Sprünge.
„Was?", platzte es aus ihm heraus. Dann prustete er los. „Klar, man hat mich abgeknallt. Ihr spielt eure Rolle wirklich gut."
In diesem Moment tönte ein Schluchzen zu ihnen herüber. „Jasper, du Idiot! Wie konntest du mir das antun?", klagte jemand.
Mary und Janet sahen sich an. Dann warfen sie ihm bedauernde Blicke zu.
Aber Jasper achtete nicht auf sie. „Lucy?", rief er und eilte zur Kirchenmauer. „Was machst *du* denn hier?" Dicht vor der jungen Frau blieb er stehen, doch sie stierte an ihm vorbei. „Warum hast du dich mir nicht anvertraut?", flüsterte sie. Tränen rannen über ihr Gesicht.
„Smokey hat uns beschissen, das weißt du doch. Wir haben uns nur genommen, was uns zusteht." Kurz zögerte er, dann fuhr er fort: „Aber das Zeug ist dieses Mal heftig."
„Was soll ich denn machen, wenn das Kind da ist?", schluchzte Lucy.

„Jetzt übertreibst du. Ich hör ja auf zu quarzen. Versprochen.“ Jasper kratzte sich am Kopf. „Ich freue mich doch auch auf unser Baby“, beteuerte er. „Keine Tränen mehr, bitte.“ Bei diesen Worten kniete er sich nieder, wollte ihr wohl über die Wange streichen, doch seine Finger fuhren durch ihr Gesicht hindurch. Wie von der Tarantel gestochen schnellte er zurück.

Nun brach Lucy völlig in Tränen aus. Mary ahnte, was jetzt kommen würde. Hilflos starrte Jasper auf seine Freundin herab. Dann versuchte er erneut, sie zu berühren, was kläglich misslang.

„Das kann ich mir nicht länger mit ansehen“, brummte Mary. Entschlossen trat sie zu ihm und legte ihm einen Arm um die Hüften.

Janet beugte sich währenddessen zu Lucy herunter, bis sich ihre Nasen fast berührten. „Buuuhuuu, kannst du mich sehen?“, sprach sie mit Grabesstimme. „Nein? Und warum nicht? Na, weil wir tot sind. Das hat dein Freund nur noch nicht verstanden.“

„Deine Lucy hätte doch wenigsten ein bisschen zucken müssen“, schaltete sich Mary ein. „Seit deiner Beerdigung kommt sie jede Nacht hierher und weint.“

„Seit meiner … was?“, stieß er hervor. „Smokey hat mich erschossen?“

Schon oft hatte Mary das Mienenspiel beobachtet, das nun folgte. Fassungslos sah Jasper an sich hinunter. Sein innerer Kampf war deutlich an seinem Gesicht abzulesen. Das langsame Verstehen eines jeden Verstorbenen. Erst der Unglaube über den eigenen Tod, dann das Entsetzen. Das Leben war vorbei – aus und vorbei.
Jasper machte sich von Mary los und entfernte sich ein paar Schritte. „Ich bin tot?“, wisperte er.
„Jetzt hat er’s!“, stellte Janet trocken fest. Mary nickte nur.
Im nächsten Moment war das Geräusch schneller Schritte zu hören. Ein lebendiger junger Mann eilte über den Friedhof und setzte sich zu Lucy auf die Bank. „Hier steckst du und du hast geweint“, stellte er atemlos fest. Für Marys Geschmack nahm er sie zu zärtlich in die Arme.
„Jasper ist noch keine Woche unter der Erde. Was glaubst du denn, wo ich bin? Ich *möchte* hier sitzen“, sagte Lucy leise.
„Ich trauere doch auch“, brummte er.
„Wir wollten heiraten, Alan. Er war die Liebe meines Lebens.“ Weinend legte sie den Kopf an seine Schulter.
„Das weiß ich doch. Komm, ich bringe dich nach Hause“, erwiderte Alan.
Nun betrat ein zweiter Mann den Friedhof. „Dachte ich‘s mir doch, dass ich euch hier finde“, rief er.

Dabei winkte er ihnen mit einer Flasche Whiskey zu. „Es ist an der Zeit, dass wir richtig Abschied nehmen.“
Lucy lachte auf. „Thomas, du nicht auch noch. Könnt ihr mich nicht einfach in Ruhe lassen!“
Thomas setzte sich zu ihnen. Sofort rutschte Alan ein Stück von Lucy ab. Mary wunderte sich darüber, dass er diesen Thomas so finster anstarrte.
Unbeeindruckt prostete Thomas den Grabsteinen zu. „Jasper, Buddy, ich habe dich geliebt.“
Feierlich nahm Alan ihm den Whiskey aus der Hand, trank ebenfalls und sprach: „Jasper, warst ein feiner Kerl.“
Irgendetwas an seinem Tonfall ließ Mary aufhorchen. Ob das stimmte, was Alan da von sich gab?
„Dieser wundervolle Duft nach Torf und Rauch. Ich will auch einen Schluck“, nörgelte Janet und ging ein paar Schritte auf die Bank zu.
Doch Mary hielt sie zurück und meinte: „Die Erinnerung daran, wie dieser goldene Strom durch deine Kehle rinnt, muss dir genügen.“
„Kann ich nicht wenigstens mal schnuppern?“, maulte Janet, ließ sich aber von ihr zurückziehen.
Traurig schaute Jasper auf seine Freunde herab. „Auf euch“, flüsterte er, „auf euch!“
Die Flasche machte die Runde, bis Thomas sie schließlich in die Luft hielt und verkündete: „Schon

Markus Aurelius hat kundgetan, dass man den Tod nicht fürchten sollte, weil man sonst versäumt, mit dem Leben anzufangen. Farewell, Jasper. Du hast keinen Moment deiner Zeit vergeudet.“

„Auf das Leben“, stimmte Alan zu.

„Auf das Leben und die Liebe“, hauchte Lucy, „und auf dich, Darling. Ich hoffe, es geht dir gut, da, wo du jetzt bist.“ Bei diesen Worten liefen ihr wieder Tränen über die Wangen.

Auf einmal hob Thomas den Kopf und schaute suchend über die Gräber. „Wo zum Teufel ist eigentlich das ganze Gras? Vielleicht konnte Jasper es noch irgendwo hier verstecken!“

* * *

In der nächsten Nacht saß Mary gemütlich an einen Grabstein gelehnt. Wer war diese schießwütige Smokey? Jasper hatte sich nur noch daran erinnern können, dass er vor ihr geflohen und über den Friedhof gerannt war. Wo er dieses *Gras* vergraben hatte, das war ihm nicht mehr eingefallen. Das Zeug musste ziemlich kostbar sein. Sie schloss die Augen, fuhr mit der Hand über den Rasen. Wirklich fühlen konnte sie natürlich nichts, aber sie gab sich ganz der Erinnerung hin, *Gras* zwischen den Fingern zu spüren. Ein Geräusch ließ sie aufhorchen. Alan eilte an ihr vorbei zur Kirche. Er kam aus dem neuen Teil des Friedhofs, trug eine Sporttasche und einen Spaten, an dem Erde klebte.

In diesem Augenblick betrat Thomas den Friedhof. Als er auf Alan traf, deutete er auf die Schaufel. „Was hast du denn mitten in der Nacht verbuddelt?“

Wortlos ließ Alan die Tasche fallen, zog ein handtellergroßes Päckchen aus der Jacke und hielt es grinsend in die Höhe.

„Schon gefunden?“, murmelte Thomas. Offensichtlich war er ziemlich irritiert.

Dann machten sie es sich vor dem Keltenkreuz bequem.

„Wir haben ein Problem“, begann Thomas. „Jaspers Wohnung wurde auf den Kopf gestellt. Nicht schwer zu erraten, wer das gewesen ist. Wenn Smokey den Stoff nicht findet, macht sie Hackfleisch aus uns. Wir müssen ihr das Zeug zurückgeben.“

Entgeistert schüttelte Alan den Kopf. „Sicher nicht!“

„Sie hat uns erkannt und sie hat Jasper abgeknallt. Hallo!“, brauste Thomas auf. „Ich freu mich schon drauf, der Nächste zu sein.“

„Rechne nicht immer mit dem Schlimmsten, sonst verpasst du das Gute, das dir das Leben zu bieten hat.“ Mit diesen Worten riss Alan das Päckchen auf, zupfte eine Prise heraus und drehte in aller Ruhe eine Tüte.

„Das ist jetzt nicht dein Ernst“, brummte Thomas.

„Schlappschwanz! Es ist eine wunderbare Nacht für einen Joint. Spricht was dagegen oder hast du was Besseres vor?“

Alan zündete diesen *Joint* an, inhalierte tief und reichte ihn seinem Kumpel.
Genau in dem Moment tauchte Janet auf, dicht gefolgt von Jasper. Sie hockten sich zu Mary ins Gras.
„Wer hätte gedacht, dass ich mich freue, euch schräge Vögel zu sehen", begrüßte Jasper sie.
„Richtig – der Entenarsch!", knurrte Mary.
„Sei nicht sauer. Enten haben einen sehr schönen Hintern", lenkte er ein.
Janet gluckste. „Vor allem, wenn er beim Gehen so atemberaubend schaukelt wie deiner." Für diese Bemerkung erntete sie einen finsteren Blick von Mary.
Mit einem tiefen Seufzer blickte Jasper zu seinen Freunden. „Hallo Jungs! Schön, dass ihr mich besucht. Das Gras habt ihr wohl gefunden."
Gerade nahm Thomas einen tiefen Zug, hielt den Rauch eine Weile fest, bis er ihn wieder ausblies. Gleich darauf klopfte er sich auf die Brust, wobei er die Augen weit aufriss. „Himmel, ist das Zeug gut!", keuchte er und betrachtete geistesabwesend den Glimmstängel zwischen seinen Fingern. „Ich kann Lucy verstehen, dass sie jede Nacht herkommt. Gerade fühle ich mich Jasper auch sehr nahe." Mit diesen Worten gab er den Joint zurück.
„Lucy!", grunzte Alan. „Das ist 'ne Frau der Spitzenklasse."

Mary sah ganz genau, dass Jasper aufhorchte.
„Oh ja“, schwärmte Thomas. „Meine Traumfrau seit ich denken kann. Für mich aber tabu.“ Ein Seufzer entfuhr seiner Brust.
„Was?“, stieß Jasper hervor. „Das wusste ich ja gar nicht?“
„Eifersüchtig gewesen?“, fragte Alan, bevor er den nächsten Zug nahm. „So eng, wie ihr befreundet wart, muss jeder Tag die Hölle für dich gewesen sein. Bestimmt hast du Jasper gehasst.“
„Quatsch, er war doch mein Freund. Ich bin ein Mann mit Prinzipien“, entrüstete sich Thomas. Leise fügte er hinzu: „Und bereit, dafür zu leiden.“
„Kannst mir viel erzählen! So was hält man nicht ohne feindselige Gefühle aus“, schnaubte Alan und hielt ihm die Kippe hin. „Hier, das beruhigt dich.“
Der Joint wechselte den Besitzer.
„Was hat dich eigentlich gebissen, in diesen abgelegenen Winkel zu ziehen?“, wunderte sich Thomas.
Es kam Mary so vor, als wollte er das Thema wechseln. Jaspers Gesichtsausdruck konnte sie nicht deuten.
„Na, der zauberhafte klare Mond, der an diesem entlegenen Küstenstreifen so hell auf mich herabscheint und mir den Weg durchs Leben leuchtet“, raunte Alan mit verklärter Miene.
Thomas betrachtete sich den Sternenhimmel. „Klar, ich Depp, hätte ich auch draufkommen können!“

Während sie vor sich hinträumten und einen Zug nach dem anderen nahmen, wurde Jasper immer unruhiger. „Ich kann mich einfach nicht erinnern“, stöhnte er, „mein Hirn ist wie durchgeblasen.“

„Du hast kein Hirn mehr“, meinte Janet.

Mary dagegen kaute auf einem anderen Gedanken herum: „Thomas liebt Lucy. Schon seit Jahrhunderten ist Eifersucht ein bewährtes Mordmotiv.“

„Thomas ist 'ne ehrliche Haut“, widersprach Jasper. „Wobei …!“ Er zögerte. „Sein Großvater hat ihm 'ne alte Knarre aus dem Krieg hinterlassen, aber die hat er doch nie dabei.“

„Na, wenn du dich da mal nicht irrst“, murmelte sie.

Genau in diesem Augenblick betrat Lucy den Friedhof. „Thomas?“, rief sie. Hektisch drückte Alan den Joint aus, schob ihn schnell hinter sich. Im nächsten Moment hatte Lucy die beiden auch schon entdeckt. „Sagt mal, kifft ihr?“, fragte sie. Im Näherkommen beschnupperte sie die Luft über ihren Köpfen.

„Nöööö!“, brummten Alan und Thomas wie aus einem Munde, gefolgt von einem gemeinsamen: „Hallo, Lucy.“

„Das ist jetzt nicht wahr“, schimpfte sie. „Wo habt ihr den Stoff her? Ist es das, wonach diese Einbrecher gesucht haben? Thomas, vor deiner Tür steht Constable Harley mit Blaulicht. Bei dir wurde auch eingebrochen. Deine Wohnung ist völlig verwüstet.“

„Bei mir war sie also auch“, stellte Thomas trocken fest. Dann kicherte er in sich hinein.
Grinsend nickte Alan. „Sie weiß jetzt, wo du wohnst“, stellte er im Plauderton fest.
„Yep. Kann ich ein paar Tage bei dir pennen?“
„*Sie*? Ihr habt das Gras dieser Irren geklaut? Seid ihr noch zu retten?“ Entgeistert sah Lucy auf die beiden herab. „Wird mir eigentlich gar nichts mehr erzählt?“, murmelte sie. Dann brauste sie auf: „Hat *Smokey* Jasper erschossen?“
„Na ja, ein bisschen hat sie schon rumgeballert. Ob sie Jasper erschossen hat, das wissen wir nicht“, erwiderte Thomas. Dabei lächelte er Lucy liebevoll an.
Die hatte jetzt wohl endgültig genug. „Wie könnt ihr hier in aller Seelenruhe sitzen und euch die Birne zudröhnen?“, brüllte sie.
Mühsam kam Thomas in die Höhe und legte ihr eine Hand auf die Schulter. „Mach dir keine Sorgen wegen Smokey. Mit der werde ich fertig.“
„Genau, Thomas Cooper, ausgerechnet du. Der Mann mit dem Killerinstinkt eines Goldhamsters“, presste sie zwischen den Zähnen hervor.
„Mit Hamstern ist nicht zu spaßen“, verteidigte er sich.
„Wenn *Smokey* mit der Sache zu tun hat, gehen wir jetzt zu Constable Harley“, bestimmte Lucy.

„Um ihm was zu sagen?“, warf Alan ein. „Hi, Harley, Alter, wir haben Smokey, der Drogendealerin aus Edinburgh, mal eben 'ne Tüte Gras geklaut. Möglicherweise hat sie Jasper abgeknallt und jetzt ist sie hinter uns her.“

„Ja, genau das!“, blaffte Lucy ihn an. „Ist doch besser, als erschossen zu werden. Eine *Mörderin* läuft frei herum. Was interessiert den alten Harley da noch euer Gras!“

„Eben“, bestätigte Alan. „Das *eine* Päckchen ist kein Mordmotiv.“ Bei den Worten rappelte er sich hoch und warf Thomas einen merkwürdigen Blick zu.

„Moment, reden wir gerade darüber, dass Smokey meine Wohnung durchsucht hat?“, ächzte Thomas.

Mary stutzte. Hatte er das jetzt erst begriffen? Da fragte sie sich wahrhaftig, was dieses Gras mit den Leuten anstellte.

„Botschaft endlich angekommen? Los jetzt!“, schimpfte Lucy, packte Thomas am Arm und zog ihn Richtung Ausgang.

Zögernd folgte Alan ihnen. Mary hörte ihn noch sagen: „Macht ihr Zwei das mal alleine.“ Dann verließen sie den Friedhof.

„Dieser Alan ist ein hübscher Kerl“, schwärmte Janet. Dabei zupfte sie an ihren verbliebenen Haaren herum.

„Mag sein, aber er kann dich nicht sehen. Er lebt noch“, wies Mary sie zurecht.

Janet zog einen Flunsch.
Jasper lachte. „Alan ist ein netter Kerl. Kam letztes Jahr aus Edinburgh, weil er Stress mit einem Job hatte.“
„Was für Stress denn?“, fragte Janet neugierig.
„Keine Ahnung“, meinte Jasper. „Ist das nicht egal?“
„*Egal?*“ Janet warf ihm einen entgeisterten Blick zu. „Der Grund für den Stress ist doch gerade das Interessante.“
„Liebes, das sind Kerle“, grunzte Mary. „Kerle reden nicht miteinander. Jedes nicht gesprochene Wort ist ein gutes Wort.“

* * *

Als Mary in der folgenden Nacht aufstand, saßen Jasper und Janet bereits an einen Grabstein gelehnt und beobachteten Thomas, der vor einer Sporttasche kniete. Neben ihm lag eine benutzte Schaufel. Neugierig gesellte sich Mary zu ihnen. Das könnte spannend werden, dachte sie, als sie sah, dass Alan und Lucy den Friedhof betraten. Schweigend gingen die beiden zu Thomas, der gerade ein Bündel Geldscheine aus der Tasche zog.
Lucy starrte auf den Fund. „Wo hast du das viele Geld her?“
Empört sah Thomas zu ihr auf. „Das gehört doch nicht mir. In *meiner* Sporttasche finde ich nur stinkende Socken und ein paar Münzen. *Diese hier*“,

er deutete auf die Tasche, „lag schon da, als ich kurz vor euch gekommen bin.“ Dann sah er sich nach allen Seiten um. „Komisch, kein Mensch weit und breit!“

„Wir müssen damit zur Polizei“, überlegte Lucy laut. „Vielleicht ist es das, was Smokey sucht.“ Auch sie warf jetzt einen Blick über die Gräber.

Doch Alan schien zu zögern. „Wartet. Bevor wir überstürzt zur Wache laufen, schauen wir uns erst mal die Tasche an.“ Er beugte sich nach unten und musterte den Gegenstand ihrer Spekulation. „Das ist doch *deine*!“, meinte er betont überrascht und zeigte mit dem Finger auf Thomas.

Während Thomas die Fragezeichen in den Augen standen, behauptete nun auch Jasper: „Alan hat recht. Den Einhorn-Aufkleber an der Seite kenne ich. Die Tasche gehört *dir,* Thomas.“ Natürlich konnte niemand außer den Geistern ihn hören.

Mit einem völlig irritierten Gesichtsausdruck warf Thomas das Geld wieder zurück. Interessiert bemerkte Mary, dass er die Augen aufriss. Mit zitternder Hand deutete er auf die Schaufel. „*Die* kommt *mir* allerdings bekannt vor. Hattest du nicht neulich Nacht so eine Schippe dabei, Alan?“

Als Nächstes wendete er seine Aufmerksamkeit wieder der Tasche zu und wühlte darin herum. Gleich darauf hielt er eine Pistole in der Hand. Lucy und Alan wichen zurück.

„Leg die Knarre weg!“, fauchte Alan.
„Mir reicht es langsam.“ Thomas erhob sich. „Ihr glaubt doch nicht im Ernst, dass die mir gehört?“ Sichtlich verwirrt starrte er auf die Waffe.
In dem Moment zupfte Janet Jasper am Ärmel und zeigte hinter sich: „Schau mal, kennst du die?“
Auch Mary drehte sich um. Eine Frau huschte von einem Grabstein zum nächsten. Offensichtlich wollte sie unbemerkt bleiben. Sie war älteren Kalibers und trug schwarze Lederklamotten.
„Das ist Smokey“, murmelte Jasper. Kopfschüttelnd raufte er sich die Haare.
Dann schien ihm etwas einzufallen. Aha, dachte Mary. Jetzt kommt’s.
„Ich habe das Gras hier nicht vergraben!“, flüsterte er. „Ich bin damit zum hinteren Ausgang wieder raus. Das Päckchen hatte ich noch in der Hand.“
Lucy schluchzte auf. „Hast *du* Jasper erschossen?“, zischte sie. „Thomas, wie konntest du nur?“
Schützend legte Alan den Arm um sie und schob sie hinter sich. „Thomas war immer eifersüchtig auf Jasper, er wollte dich für sich haben“, raunte er ihr zu.
„Du blöder Arsch! Jasper war mein bester Freund“, knurrte Thomas.
Doch Alan ließ sich nicht beirren. „Eifersucht zerfrisst die Seele, lässt die Menschen schreckliche Dinge tun. Dass Lucy schwanger ist, hat das Fass

zum Überlaufen gebracht. Irgendwann kann auch so ein Schlappschwanz wie du, Thomas, seine Gefühle nicht mehr kontrollieren. Du hast die Gelegenheit ergriffen und Jasper abgeknallt, hast etwas getan, was du dir selbst nie zugetraut hättest. Wahrscheinlich bereust du es eh schon."

„Woher weißt du von dem Baby? Wir haben es euch nicht erzählt", presste Lucy hervor.

Auch Thomas glotzte Alan entgeistert an. „Was ist eigentlich mit dir?", brüllte er. „Das ganze Gerede über Eifersucht. Du bist selbst scharf auf Lucy. Gib's zu!"

Auf einmal schnellte Alan vor, entwendete Thomas die Pistole und richtete sie auf ihn. Rückwärts ging er zu Lucy zurück. „Schnapp dir die Tasche, Darling!", forderte er sie auf.

Doch Lucy entfernte sich ein paar Schritte und schaute ihn entsetzt an.

„Sei nicht dumm", redete Alan weiter. „Wir haben keine Zeit zu verlieren. Du, das Baby und ich, wir können sorgenfrei leben. Ich werde für dich da sein. Lass uns zusammen abhauen!"

Sichtlich perplex griff sich Lucy an die Stirn. „Jetzt kommt wieder runter - alle beide. Alan, ich werde ganz bestimmt nicht mit dir *abhauen*. Jasper ist noch keine Woche unter der Erde! Vielleicht hilft dieser Fund bei der Aufklärung. Ich bringe das Geld jetzt zu Harley."

Als sie nach der Tasche greifen wollte, rief Alan: „Oh nein, keinen Schritt weiter!“ Mit vor Wut verzerrtem Gesicht schwenkte er die Waffe zwischen ihr und Thomas hin und her. „Eigentlich hielt ich dich für klüger, Lucy. Aber gut, wie du willst, deine Entscheidung. Du willst wissen, wo die Kohle her ist? Aus Smokeys Kofferraum. Und jetzt her mit der Tasche!“

Marys Aufmerksamkeit wurde nun auf Jasper gelenkt, der sich offensichtlich an noch mehr erinnerte. „Das ist nicht nur Smokeys Geld“, flüsterte er. „Du bist nicht hier gelandet wegen Ärger mit irgendeinem Job, Alan. Du bist auf der Flucht!“ Dann rief er: „Darling, Thomas, seht zu, dass ihr von hier verschwindet. Der Typ ist brandgefährlich.“

Oh, wie aufregend, dachte Mary. Jasper wandte sich ihr und Janet zu. Es brach geradezu aus ihm heraus: „Ich bin mit dem Stoff direkt zu Alan. Thomas war noch nicht da. Habe Alan von dem Baby erzählt und dass wir heiraten würden. Ich wollte mit ihm anstoßen, wusste, dass er noch einen Whiskey im Schrank hat. Statt der Flasche fand ich einen Sack voller Banknoten.“ Mit gerunzelter Stirn griff er sich an den Kopf. „Plötzlich hielt Alan eine Knarre in der Hand und erzählte, dass er bei einem Bankraub einen Wachmann erschossen hätte. Er gab vor, es zutiefst zu bedauern, dass ich meine Nase so tief in seine Angelegenheiten gesteckt hätte. Dann hat er … mich *erschossen.*“

Mittlerweile zog auch Thomas seine Schlüsse: „Weil ich bei dir gepennt habe, konntest du dir meine Sporttasche schnappen.“ Er schnippte mit den Fingern. „Klar! Und dann der große Spaten neulich. *Du* hast Smokeys Geld hier vergraben, damit es keiner bei dir findet. *Du* hast Jasper abgeknallt und alles so inszeniert, dass der Verdacht auf mich fällt.“ Im nächsten Augenblick stieß er hörbar die Luft aus. „Jetzt hast du die Kohle wieder ausgebuddelt und für mich drapiert. Ich *sollte* sie finden. Und Lucy willst du für dich haben.“

„Schau an, was bist du doch für ein cleveres Kerlchen. Erst hat sich Smokey angeboten, dann du. Wir werden das jetzt beenden. Lucy, letzte Chance.“

Als sie nicht reagierte, spannte Alan den Hahn und zielte. Gleich darauf wurde Marys Aufmerksamkeit auf Smokey gelenkt, die mittlerweile hinter einem Grabstein ganz in der Nähe kniete. Bevor Alan abdrücken konnte, fiel sie über ihn her. Während die beiden miteinander kämpften, ergriffen Lucy und Thomas die Flucht.

„Ja, lauft, bringt euch in Sicherheit!“, rief Jasper.

Unerbittlich rangen Alan und Smokey um die Waffe. Dann löste sich ein Schuss. Wie erstarrt verharrten sie für einen Moment bewegungslos. Schließlich brach Alan zusammen. Aus der Ferne näherten sich

Polizeisirenen. Smokey schnappte sich das Geld und rannte davon.
Langsam traten Mary, Janet und Jasper zu dem leblosen Körper. Mit offenen Augen starrte Alan sie an.
„Die Polizei denkt sicher, dass Smokey Jasper erschossen hat. Sie hat doch nun die Pistole von *dem da*“, meinte Janet.
„Ja, aber mein Mitleid hält sich in Grenzen“, knurrte Jasper. „Smokey hat genug Dreck am Stecken. Wer weiß, wie viele unaufgeklärte Morde auf ihr Konto gehen.“
Da gab Mary ihm recht.

* * *

Einige Nächte nach diesem denkwürdigen Ereignis trafen sich Mary, Janet und Jasper am Keltenkreuz. Ganz wie gewohnt saß Lucy bereits auf der Bank vor der Kirchenmauer. Während sich Jasper zu ihr gesellte, hielten sich die Geister im Hintergrund.
Nach einer Weile kam Thomas dazu. „Hier steckst du wieder“, rief er und rutschte zu ihr auf die Bank.
„Wundert dich das?“, fragte sie mit einem schwachen Lächeln.
„Nein!“, erwiderte er, stand auf und zog Lucy mit sich in die Höhe. „Du brauchst deinen Schlaf jetzt für das Baby. Komm nach Hause!“
Lucy nickte. Einen kurzen Moment hielt sie inne, legte ihre Hände an den Mund und küsste hinein.

Dann pustete sie den Kuss sanft in Jaspers Richtung. Mit geschlossenen Augen stand sie noch einen Augenblick still da, bis sie mit Thomas den Friedhof verließ.

„Jetzt werden wir sie wohl nicht mehr jede Nacht auf St. Clement antreffen“, prophezeite Mary.

„Für sie und das Kind ist das auch gesünder“, murmelte Jasper. Dann gab er ein seltsames Geräusch von sich.

Mary wusste nicht, ob er lachte oder mit den Tränen kämpfte.

„Sei nicht traurig“, versuchte Janet, ihn zu trösten. „Du hast doch jetzt uns.“

Es sah so aus, als wollte er etwas darauf erwidern. Doch stattdessen deutete er hinter Mary und sagte: „Was ist das denn für ein Licht?“

Mary drehte sich um. Ihrer Kehle entfuhr ein Jauchzen. „Ooooh, Janet, wir dürfen nach oben!“, hauchte sie. „Komm, trau dich endlich!“

„Ich sehe es, aber ich hab Angst“, flüsterte Janet. „Was, wenn uns der Teufel holt?“

„Ach Liebes, den Teufel gibt es nur auf Erden. Das haben wir doch gelernt“, erläuterte Mary mit Nachdruck. „Außerdem sind wir nicht allein.“ Sie zwinkerte Jasper zu. „Bist du dabei? Es heißt, Abschied nehmen!“ Dabei zeigte sie mit dem Finger zum Himmel hinauf.

Sehnsüchtig sah Jasper zum Friedhofsausgang. Dann seufzte er auf. Schnell hakten sich Mary und Janet bei ihm unter, zogen ihn lachend auf das Licht zu. Kurz davor zögerte Janet noch. „Wartet. Wie sehe ich aus?“
„Süße, glaub mir, das willst du gar nicht wissen“, brummte Mary. „Jetzt!“, befahl sie.
Und mit dem nächsten Schritt verschwanden Mary, Janet und Jasper im Licht.

Opa ist weg!

von Anna K. Wilhelm

Der schrille Ton der Klingel hallte durch das Treppenhaus. Eine Tür wurde geöffnet, der Summer ertönte. Anna drückte die alte hölzerne Eingangstür auf und betrat den kalten Flur. Im zweiten Stock erschien ein Gesicht über dem Geländer.
„Hallo, Herr Klein“, grüßte sie lächelnd nach oben.
„Dein Opa hört auch immer schlechter. Er schläft und du weckst das ganze Haus auf.“ Vor sich hin brummelnd schlürfte der Nachbar zurück in seine Wohnung.
Sie eilte die Treppe hoch in den ersten Stock zur Wohnung ihres Opas. Gut, dass sie den Schlüssel mitgenommen hatte. Mit einem lauten Knarren schwang die Tür auf. Es war still. Schlief Opa tatsächlich noch?
„Opa“, rief sie. Keine Reaktion. Verwundert schüttelte sie den Kopf, ging zögernd in die Küche, setzte Kaffeewasser auf und deckte den Tisch. Sie hatte Opas Lieblingstorte mitgebracht - Schwarzwälder Kirschtorte. Da konnte er nicht widerstehen.
„Kaffee ist fertig“, rief sie jetzt noch lauter.
Immer noch keine Reaktion. Es blieb ungewöhnlich still. Opa schlief heute wirklich tief. Sein Mittagsschlaf war ein festes Ritual, doch meist war

er wach, wenn sie kam. Nun wurde sie unruhig. Sie würde ihn wecken, auch wenn er das nicht mochte. Zögernd klopfte sie zweimal an die Schlafzimmertür. Als sie keine Antwort erhielt, trat sie ein.
„Opa, der Kaffee …“ Sie stockte.
Der kleine Fernseher auf der Kommode lief - lautlos. Das Bett war unberührt, das Fenster stand weit offen. Die Gardine bauschte sich ins Zimmer. Ein kalter Luftzug streifte sie, sodass sie fröstelte. Das offenstehende Fenster machte ihr Angst. Sie erteilte sich einen stummen Befehl: Geh endlich! Die Kälte verschwand, Hitze breitete sich in ihr aus. Schweiß rann ihr von der Stirn. Unsicher, mit kleinen Schritten, schlich sie auf das Fenster zu, zwang sich hinunterzuschauen. Die offenen Mülldeckel erweckten in ihr das Gefühl, beobachtet zu werden.
Abrupt drehte sie sich um und betrachtete das unberührte Bett. Wo war Opa? Um diese Zeit ging er nie aus dem Haus. Wieso heute? Er wusste doch, dass sie zum Kaffee kam. Nach einer Weile löste sich ihre Starre. Sie durchsuchte jedes Zimmer. Nichts fehlte, nur ihr Opa.
Als es dunkel wurde, saß Anna noch immer auf dem Küchenstuhl und wartete. Der Kuchen stand im Kühlschrank. Sie hatte nur Kaffee getrunken, dann noch einmal alles nach einem Hinweis durchsucht. Nichts. Was sollte sie jetzt tun? Ihr Opa war rüstig - keine Demenz, keine lebensbedrohlichen Krank-

heiten. Hatte er nur vergessen, dass heute ihr gemeinsamer Tag war? Sollte sie zur Polizei gehen? Mit welcher Begründung? Ziemlich durcheinander nahm sie eine Wolldecke aus der Truhe und richtete sich auf dem Sofa ein. In ihrem Kopf wirbelten Fragen. Seit wann war ihr Opa weg? Wieso hatte er sie vergessen? Alles Fragen, auf die sie keine Antworten fand.

*

Die Türglocke schrillte. Anna zuckte zusammen, sah sich erstaunt um. Ach ja, Opa war weg. Sie sprang hoch, eilte zuerst ins Schlafzimmer - nichts. Erneut schrillte die Türglocke - laut, anhaltend. Hatte Opa den Schlüssel vergessen? Schwungvoll riss sie die Tür auf. Doch da stand nicht ihr Opa, sondern Herr Klein.

„Anna, was machst du denn hier? Hat der Alte schon wieder meine Brötchen vergessen? Hat mir gestern schon keine gebracht.“

Da horchte sie auf. „Holt Opa jeden Tag Brötchen?“

„Nein, nur diese Woche. Nächste Woche bin ich wieder dran, aber da kann er dann auch warten. Da wird …“

„Opa ist weg“, fiel sie dem redseligen Nachbarn ins Wort. „Opa ist weg.“

Der starrte sie mit offenem Mund an, doch nicht lange. „Wie - weg? Verschwunden? Seit wann denn?“

Anna zuckte mit den Schultern. „Kommen Sie rein. Ich mache uns Kaffee. Es gibt Torte."
Das brauchte sie Herrn Klein nicht zweimal zu sagen. Für Torte ließ er alles stehen.
„Dann ist Opa wohl schon seit gestern früh verschwunden", sinnierte Anna, als sie bereits am gedeckten Tisch saßen. „Wann haben Sie ihn das letzte Mal gesehen?"
„Als er zum Bäcker ging", nuschelte Herr Klein, während er sich ihr Tortenstück auch noch genüsslich in den Mund schob.
Kurz danach ließ er Anna mit ihren Gedanken allein. Mittlerweile malte sie sich die schlimmsten Dinge aus. Sie telefonierte die Krankenhäuser ab - nichts. Dann fiel ihr etwas ein. Hastig warf sie ihre Jacke über und machte sich auf den Weg zur Bäckerei.

*

„Was, das war ihr Opa? Er ist beim Verlassen der Bäckerei über die Türschwelle gestolpert. Ich habe ihn zu einem Taxi gebracht, das auf der gegenüberliegenden Straßenseite geparkt hatte. Kurze Zeit später fuhr es weg. Hoffentlich habe ich nichts falsch gemacht."
Anna schwirrte der Kopf. Was sie gerade erfahren hatte, verursachte ihr Übelkeit. „Das war doch sehr nett von Ihnen", erwiderte sie halbherzig.

„Dann kam die Polizei, sperrte die Straße und riegelte den Eingang zur Bank ab. Ein Überfall - in unserer Stadt!“ Die Verkäuferin redete sich in Rage. „Die Kerle sollte ins Gefängnis werfen und nicht wieder rauslassen.“

„Sie haben der Polizei doch bestimmt alles erzählt. Was haben die gemacht?“

„Die Polizei?“ Die Verkäuferin überlegte. „Sie haben die Anwohner und Geschäftsleute befragt, immer wieder. Doch niemand hat etwas gesehen.“

Jetzt gab es für Anna kein Halten mehr. Auf der Polizeiwache erklärte sie, dass sie die Enkelin des alten Mannes sei, der am Tag des Überfalls in ein irgendwie merkwürdiges Taxi gestiegen war. Sie wollte wissen, wie der Stand der Dinge war und gab für alle Fälle eine Vermisstenanzeige auf. Als sie die Kleidung ihres Großvaters beschrieb, graue Arbeitslatzhose, kariertes Hemd und grüne Arbeitsjacke, waren die Beamten auf einmal nicht mehr so freundlich. Sie musste Fragen über Fragen beantworten. Dann fuhren drei Polizisten mit ihr zu Opas Wohnung.

*

„Was soll das? Glauben Sie etwa, mein Opa ist einer von denen und hat humpelnd die Bank überfallen?“, schrie sie den Kommissar an, der die Untersuchung leitete. Fassungslos betrachtete sie das Chaos in der Wohnung. „Sie räumen wieder auf. Mein Opa ist kein Bankräuber.“ Ihre Stimme überschlug sich und sie rang nach Atem.

„Wir müssen alles in Erwägung ziehen“, versuchte Kommissar Muller sie zu beruhigen. „Immerhin trug ihr Opa die gleiche Kleidung wie die Bankräuber.“

„Wie bitte?“, hakte sie nach. „Die hat Opa immer an, wenn er in den Schrebergarten geht.“

„Schrebergarten?“ Der Kommissar musterte sie, wie ihr schien, voller Misstrauen.

„Vielleicht war das Taxi, in das die Verkäuferin meinen Opa gesetzt hat, das Fluchtauto? Schon mal daran gedacht?“, schnauzte sie ihn an.

„Möglich“, murmelte der Beamte.

*

Nachdem der Polizeitrupp verschwunden war, tauchte Herr Klein auf und ließ sich jede Einzelheit erzählen.

„Das glaub ich nicht. Die halten deinen Opa für einen Bankräuber? Da müssen wir was unternehmen!“

„Und was? Wir sind doch keine Polizisten“, erwiderte sie kopfschüttelnd. Opas Nachbar war immer für eine Überraschung gut. So viel Energie hätte sie ihm gar nicht zugetraut.

„Ein Bekannter von mir fährt Taxi“, meinte Herr Klein. „Vielleicht weiß er mehr über dieses mysteriöse Taxi.“

„Gute Idee.“ Sie nickte anerkennend. „Und ich fahre zum Schrebergarten.“
Bevor Herr Klein ihren Plänen widersprechen konnte, war sie auch schon zur Tür hinaus.

*

Es dauerte nicht lange und sie kam mit hochrotem Kopf zurück. Sie war etwas überrascht darüber, dass Herr Klein noch in Opas Wohnzimmer saß.
„Das ist vielleicht ein Aufgebot am Schrebergarten“, japste sie. „Alles ist abgesperrt und überall wimmelt es von Polizisten.“ Sie warf ihre Jacke in die Garderobe und ließ sich auf die Couch plumpsen. Dann grinste sie. „Jedenfalls habe ich rausgekriegt, dass Opa dort war - mit zwei jungen Männern. Sie gingen in die Hütte. Keiner sah sie rauskommen. Das Taxi hat sie nur abgesetzt und ist gleich wieder gefahren. Hat wohl nichts damit zu tun.“
„Das glaube ich nicht“, erklärte Herr Klein triumphierend. „Olaf, mein Bekannter, hat sich umgehört. Kein gemeldetes Taxi hatte gestern Vormittag eine Tour.“
„Ach!“ Überrascht richtete sie sich auf. „Und jetzt?“ Das bedeutete ja, dass die Diebe ihren Opa mitgenommen hatten. Etwa als Geisel? Ihr wurde ein bisschen schlecht. „Wie sollen wir dann an den Taxifahrer rankommen?“
„Keine Sorge“, erwiderte Herr Klein. Offensichtlich dachte er dasselbe. „Wir finden Willi schon. Dein

Opa ist ja nicht dumm. Da haben sich die Kerle den Falschen ausgesucht."

Das beruhigte sie zwar nicht, aber insgeheim gab sie Herrn Klein recht. Ihrem Opa würde schon etwas einfallen. Vielleicht konnte er irgendwie auf sich aufmerksam machen.

„Wie wäre es mit etwas zu essen?", meinte Herr Klein. „Mit knurrendem Magen kann ich mich nicht konzentrieren."

Wie konnte er jetzt an Essen denken? Sie wollte den alten Mann schon zurechtweisen, als ein lautes Grummeln die eingetretene Stille durchbrach. Da musste sie kichern. „Stimmt. Hungrig fängt man keine Verbrecher."

Also machte sie sich daran, Opas Küche zu inspizieren. Nur wenig später duftete es nach aufgewärmtem Gulasch.

„Einen Kaffee zur Verdauung?", fragte sie wenig später, nachdem sie den Tisch abgeräumt hatte.

„Natürlich." Herr Klein klang sehr zufrieden. „Den hätte Willi auch gewollt."

Gerade setzte sie zu einer Erwiderung an, da wurde sie von der Türglocke unterbrochen. Mit gemischten Gefühlen ging sie zur Tür und öffnete sie. Ihr Magen verkrampfte sich, als sie den Kommissar erkannte. Hoffentlich keine schlechten Nachrichten, schoss es ihr durch den Kopf. Nach einer knappen Begrüßung bat sie ihn ins Wohnzimmer.

Er nickte Herrn Klein zu und nahm am Tisch Platz.
„Wir haben Ihren Opa leider immer noch nicht gefunden, auch das Taxi nicht“, verkündete Kommissar Muller, wobei sein durchbohrender Blick auf Anna gerichtet war. „Ist Ihnen noch etwas eingefallen, das uns weiterhelfen könnte?“
„Nein.“
„Schade. Sie sagten ja, dass Ihr Opa kein Handy besitzt. Das hätten wir orten können.“ Mit diesen Worten erhob er sich wieder.
„Moment.“ Beim Aufstehen warf Herr Klein den Stuhl um. Er rannte aus der Wohnung, um gleich darauf mit einem Handy in der Hand zurückzukommen. Stolz hielt er das Telefon dem Kommissar unter die Nase. „Willi und ich haben Handys - seit ein paar Tagen. Könnte ja mal sein, dass wir Alten Hilfe brauchen. So rückständig sind wir gar nicht.“
Der Polizist hob die Augenbrauen und zückte sein Notizbuch. „Dann kennen Sie ja auch die Nummer von Herrn Witzig.“
„Steht drin“, erwiderte Herr Klein. „Ich meine, ist abgespeichert“, schob er rasch hinterher.
Kommissar Muller notierte sich die Nummer und veranlasste sofort eine Ortung. Es dauerte nicht lange und er erhielt einen Anruf.
„Wollen Sie mitkommen?“, fragte er Anna und Herrn Klein. Natürlich wollten sie.

Kurz darauf standen sie mit mehreren Polizisten vor einem Taxi, das vor dem Hintereingang eines Schrottplatzes abgestellt worden war. Auf dem Rücksitz lag das Handy.
Wieder eine Spur, die weder zu den Räubern, noch zum Opfer führt, dachte Anna. Verzweiflung machte sich in ihr breit. „Und jetzt?", stieß sie hervor.
„Ein reguläres Taxi, schrottreif zwar, aber ein Taxi", überlegte Herr Klein laut.
„Was hilft uns das? Ein Auto vor einem Schrottplatz ohne Besitzer!" Anna resignierte. „Wir finden Opa nie." Mittlerweile war sie den Tränen nahe.
„Die Polizei müsste doch herausfinden können, wem das Taxi vorher gehört hat." Offensichtlich hatte Herr Klein Anna gar nicht zugehört, so sehr war er in seine Gedanken versunken gewesen. Kaum hatte er sie laut ausgesprochen, wurde er unruhig. „Ich frage mal Olaf, meinen Bekannten, wer Taxis entsorgt. Das kriegen wir schon raus."
Anna straffte sich, rumheulen hatte ja eh keinen Zweck. „Und ich gehe mal auf den Schrottplatz und schau mich um. Dann zwinkerte sie in die Runde und grinste schelmisch. „Braucht jemand ein günstiges Ersatzteil?"

* * *

Opa Witzig war der Verkäuferin dankbar. Das Taxi kam wie gerufen. Als der Fahrer auf seine Aufforderung, ihn zum Arzt zu bringen, nicht reagierte,

wollte er wieder aussteigen. Da sah er zwei vermummte Gestalten, die auf das Auto zu rannten. Das Taxi fuhr jetzt langsam an, hielt kurz, die Vermummten sprangen hinein. Sofort schoss es los. Alles war sehr schnell gegangen.
Willi wurde in die Rückbank gedrückt. Er nützte die Gelegenheit, sein Handy unter die Lehne zu drücken. Im Moment war er nicht sicher, wer von dieser Situation überraschter war, er oder die Bankräuber. Dass es sich um Bankräuber handelte, da war er sich allerdings sicher.
„Wo kommt denn der Alte her“, rief der auf dem Beifahrersitz und stieß dem Fahrer in die Rippen. „Du Depp! Jetzt haben wir ein Problem.“
„Lasst mich einfach an der nächsten Ecke raus“, schlug Willi seelenruhig vor.
„Halt die Klappe. Kommt nicht in Frage“, schnauzte der Kerl. „Wir brauchen ein anderes Versteck, jedenfalls fürs Erste. Sonst haben sie uns gleich.“
Der Fahrer drehte sich kurz um. Sein Gesicht war nicht maskiert. Darüber erschrak Willi. Das war ganz schlecht für ihn. Einen kannte er jetzt, da würden sie ihn so schnell nicht laufen lassen.
Er räusperte sich: „Ganz in der Nähe ist mein Schrebergarten. Der wäre was fürs erste Versteck.“
„Gar nicht dumm, der Opa.“ Der Mann neben ihm lachte. „Fürs Erste! Komm aber ja nicht auf die Idee, jemandem ein Zeichen zu geben oder uns

sonst irgendwie zu verraten. Das überlebst du nicht.“

Nach fünf Minuten hatten sie die kleine Schrebergartenanlage erreicht. Das Taxi hielt nur kurz, die zwei Vermummten nahmen ihn in die Mitte, hakten sich bei ihm ein und trugen ihn fast zu seiner Hütte. Er hatte keine Chance zu entkommen. Auch ohne den verstauchten Fuß wäre ihm das nicht möglich gewesen. Die beiden machten einen sportlichen Eindruck. Das Taxi war weg und damit auch sein Handy. Er musste sich etwas anderes überlegen.

Nach einem Nickerchen auf seiner Liege wurde er wachgerüttelt, im Dunkeln zum Parkplatz geschleppt, bekam die Augen verbunden und los ging die Fahrt. Er versuchte, an den Geräuschen zu erkennen, wohin sie fuhren. Dann stoppte das Auto und er wurde unsanft rausgezerrt. Er stolperte über Wurzeln, humpelte durch raschelndes Laub, blieb fast am matschigen Boden kleben.

Als seine Peiniger ihn in ein Gebäude bugsierten, blieb er an einer Schwelle hängen und landete auf einer Matratze am Boden. Die Wand, neben der er lag, fühlte sich rau und kalt an. Erst nach ein paar Minuten nahm einer der Männer seine Augenbinde ab und drückte ihm eine Flasche Wasser in die Hand. Endlich. Sein Mund war trocken, er hatte schon seit Stunden nichts getrunken. Gierig schüttete er die halbe Flasche in sich hinein, registrierte noch, dass auch die Matratze kalt war, dann wurde es dunkel.

* * *

Total aufgeregt kehrte Anna vom Schrottplatz zurück. Ungeduldig wartete sie in Opas Wohnung auf Herrn Klein. Als er endlich kam, legte sie los.
„Da war ein junger Mann, der sich mit dem Besitzer gestritten hat. „Ich habe nur Wortfetzen verstanden wie: *Schluss machen, aufpassen, Geld, aufteilen ...* Das sagt doch alles! "
„Könnte sein." Herr Klein schien nicht überzeugt. „Jedenfalls weiß ich, wem das Taxi gehörte", trumpfte er auf. „Einem jungen Mann, der sich mit seinem neuen Unternehmen übernommen hat und ein altes Taxi verschrotten musste. Vielleicht hat er damit zu tun?"
„Wir sollten den Schrottplatz beobachten", schlug sie vor.
„Das ist Sache der Polizei." Herr Klein winkte ab. „Die wissen schon Bescheid."
Da sie nicht zu bremsen war, stimmte er schließlich doch zu.

*

Anna übernahm die erste Schicht. Es dämmerte bereits, als Herr Klein eintraf. Kaum saß er in ihrem Auto, verließ ein Fahrzeug mit drei Männern den Schrottplatz. Zum Glück standen sie zwischen vielen parkenden Autos am Straßenrand. Sie folgten mit großem Abstand, erst durch die Stadt und dann weiter zum nächsten Ort.

Immer wieder sah Anna in den Rückspiegel. „Wir werden auch verfolgt“, meinte sie und trommelte mit den Fingern auf das Lenkrad. Ohne Vorwarnung bog sie auf die Autobahn ab.

„Wo willst du denn hin? Wir verlieren die Kerle.“

„Nein, tun wir nicht. Die nächste Abfahrt ist zwei Kilometer entfernt. Dann komme ich von der anderen Seite in den Ort.“

„Klingt so, als wüsstest du, wo sie hinwollen?“

„Hier im Wald gibt es noch gut erhaltene alte Bunker. Ein ideales Versteck.“

Bald danach erreichten sie den Wald. Die Straße, die hineinführte, war eng. Niemand kam ihnen um diese Uhrzeit entgegen. Ein Lichtschein zwischen den Bäumen weckte ihre Aufmerksamkeit. Dort zweigte ein Waldweg von der schmalen Straße ab.

„Da sind sie.“

Langsam fuhr sie an dem Weg vorbei, hielt in sicherer Entfernung an, drehte und wollte zurückfahren. Da trat ein Mann mit einer Taschenlampe aus dem Dunkel und versperrte ihr den Weg.

Sie stoppte den Wagen. Ihr Herz klopfte, ihre Hände waren nass vor Schweiß, als sie das Fenster herunterkurbelte.

„Was machen Sie hier?“, blaffte Kommissar Muller.

„Wohl lebensmüde. Das sind Verbrecher. Unterstehen Sie sich, uns zu folgen. Sie warten genau hier!“ Damit ließ er sie stehen.

*

Die Männer betraten das Versteck und schalteten die mitgebrachten Taschenlampen ein.
„Mach mal einer den Generator an, damit wir Licht haben“, rief der Größere.
Kurz darauf flackerten zwei Lampen auf, die den Raum in ein schummriges Licht tauchten.
„Mann, am Licht sparen? Ist immer noch ziemlich dunkel!“, beschwerte sich der kleine Drahtige.
„Der Alte schläft immer noch. Hoffentlich waren das nicht zu viele Schlaftabletten“, meinte der mit der Glatze.
Der Drahtige beugte sich über ihn. „Nein.“ Grinsend erhob er sich wieder. „Der hat noch mal nachgelegt.“ Zum Beweis hielt er die leere Flasche in die Höhe.
„Mist. Das Geld ist weg“, tobte einer. Der Stimme nach war es der Große.
Jetzt brach Hektik aus. Schimpfend suchten die Kerle den Raum ab, drehten ihn um und durchsuchten ihn. Dann wurde es kurz still.
Willi spitzte die Ohren. Gut, dass sie nichts gemerkt hatten. Er war wach. Als er die Männer kommen hörte, hatte er die Flasche ausgeleert und sich schlafend gestellt.

Jetzt bekam er mit, wie sich die drei um das verschwundene Geld stritten.
Ein Schuss dröhnte. Er zuckte zusammen. Zum Glück hatten die Männer nach der Durchsuchung seine Liegeposition nicht verändert, sodass er durch die leicht geöffneten Augenlider weiterhin alles beobachten konnte. Der Drahtige lag am Boden und rührte sich nicht mehr. Die anderen beiden wirkten unschlüssig.
„Jetzt kannst du auch gleich den Alten abknallen", fauchte der Kahle.
Der Große drehte sich um. Schnell schloss Willi die Augen und versuchte, ruhig zu atmen.
„Nein. Ohne Wasser und mit dem kaputten Fuß kommt er nicht weit, wenn er überhaupt zu sich kommt. Erst müssen wir den hier entsorgen."
Die kalte Stimme ließ Willi schaudern. Jetzt traute er sich nicht mehr, die Augen zu öffnen.
Ein Scharren verriet ihm, dass die beiden ihren toten Kumpel über den Boden schleiften und aus dem Raum zogen. Dann hörte er Schreie. Erneut fiel ein Schuss. Danach war es wieder kurz still. Schritte näherten sich.
Sollte er versuchen, den Mann zu Fall zu bringen, indem er sich gegen ihn warf? Hatte er überhaupt eine Chance?
„Er atmet noch", sagte jemand.

Die Stimme kannte er nicht. Als er vorsichtig die Augen öffnete, blickte er in ein fremdes Gesicht.

*

Am nächsten Tag holten Anna und Norbert ihn im Krankenhaus ab. Zu Hause gab es Kaffee und seine Lieblingstorte. Die hatte er sich nach all der Aufregung verdient, fand er.

„Zu dumm, dass niemand weiß, wo das Geld aus dem Bankraub geblieben ist“, meinte Norbert. „Den Einzigen, der es wohl gewusst hat, den haben seine Kumpel erschossen.“

* * *

Wochen später begleitete Willi den Kommissar noch einmal zum Bunker. Mit gemischten Gefühlen sah er sich in seinem ehemaligen Gefängnis um.

„Hier haben wir früher als Kinder gespielt. Natürlich durften wir das nicht“, erklärte er.

Alte Erinnerungen kamen hoch. Er dachte an abenteuerliche Kindertage, Räuber - und Gendarmspiele.

„Im Keller gibt es zwei Räume. Früher gelangte man von zwei Seiten in den Bunker, bevor alles zugemauert wurde. Die Tür wurde nachträglich reingebaut. An einer Seite gibt es ein Rohr nach außen. Da sind wir als Kinder immer durchgerutscht.“

Er verstummte und dachte angestrengt nach. Der Kommissar hatte ihm aufmerksam zugehört.

„Soweit ich es beobachten konnte, hat keiner der Männer aus diesem Raum etwas mitgenommen“, fügte er schließlich hinzu. „Das Geld muss noch hier sein. Vielleicht im Rohr oder außen, vor dem Rohr.“

Wieder machte er eine Pause.

„Einer hat es durchs Rohr geschoben, um es später mitzunehmen“, überlegte er laut. „Eine andere Möglichkeit gibt es nicht.“

Kommissar Muller nickte.

Das Rohr wurde untersucht. Die Geldtasche hatte sich tatsächlich darin verklemmt.

*

Opa Willi erhielt von der Bank einen hohen Finderlohn. Daraufhin gönnte er sich mit seiner Enkelin Anna und seinem Nachbarn Norbert Urlaub auf einer Insel in der Nordsee.

Die beiden Bankräuber machten ebenfalls Urlaub, kostenlos und jahrelang am gleichen Ort.

Spuk im Theater

von Sascha Zurawczak

Das Hermann-Jackson-Theater, eines der ältesten und ehrwürdigsten Theater in London, gehörte zu den kleineren seiner Art. Touristen und der breiten Öffentlichkeit war es so gut wie unbekannt. Nur ein kleines exklusives Publikum wusste die außergewöhnliche Atmosphäre des Theaters zu schätzen.
Das Gebäude aus Viktorianischer Zeit war mit viel Aufwand in seinem ursprünglichen Stil erhalten worden. Bei der Verlegung von Stromleitungen hatte man sich auf das Nötigste beschränkt. In vielen Bereichen gab es immer noch alte Gaslampen. Ein mächtiger Kronleuchter erhellte den Theatersaal. Hartnäckigen Gerüchten zufolge existierten unter dem Gebäude unzählige Katakomben und Kulissengänge. Die meisten Türen und Öffnungen im Keller waren jedoch schon vor langer Zeit zugemauert oder mit Brettern vernagelt worden.
Insbesondere das Büro des stellvertretenden Intendanten, Vincent Taylor, präsentierte sich in altmodischem Luxus. Mr. Taylor selbst wirkte in seinem Anzug ein wenig so, als wäre er aus der Zeit gefallen. Der edle Zwirn hatte schon bessere Tage gesehen, war jedoch tadellos gepflegt. Sein Halstuch gab ihm einen leicht snobistischen Touch, das Tüch-

lein in der Jackettasche war perfekt in Form gezupft. Der Mann mittleren Alters mit den leicht angegrauten Haaren fügte sich hervorragend in das Ambiente. An diesem Abend saßen Mr. Taylor zwei Männer gegenüber, die überhaupt nicht an diesen Ort passten. Der eine wirkte mit seinem Hemd aus Hanffasern und dem Pferdeschwanz wie ein Relikt der Hippie-Bewegung. Allerdings hatte der Mann mit dem Namen Jeremias Perkins die Fünfzig schon lange hinter sich gelassen.

Sein Begleiter zählte maximal zwanzig Jahre. Die Schlabberklamotten des jungen Mannes, Philipp H. Cook, passten erst recht nicht ins Hermann-Jackson-Theater. Tatsächlich handelte es sich bei den beiden aber nicht nur um erwünschte, sondern sogar um geladene Gäste. Allerdings waren sie keine Theaterfreunde.

Perkins genoss seit vielen Jahren einen guten Ruf als Privatdetektiv. Jedoch konnte er sich nicht mit allen Neuerungen der modernen Welt anfreunden. Deshalb hatte er Philipp als Assistenten eingestellt. Der Computerfreak und Hacker erledigte die Recherchearbeiten für ihn und war auch sonst für alles zuständig, worauf Perkins keine Lust hatte.

„Es freut mich, dass Sie meiner Einladung gefolgt sind“, sprach Taylor in gewichtigem Ton zu seinen Gästen. „Es ist tatsächlich eine große Erleichterung für mich, dass Sie so schnell zugesagt haben. Leider

befindet sich unser Theater in einer Krise, die ich ohne fremde Hilfe nicht meistern kann."
„Das sagten Sie bereits am Telefon", erwiderte Perkins freundlich. „Allerdings erschloss sich mir aus dem Telefonat nicht so recht, welches Unheil über ihre altehrwürdige Institution hereingebrochen ist."
Seine Worte schmeichelten Taylor offenbar, doch der stellvertretende Intendant bekam nur ein gequältes Lächeln zustande.
„Ich fürchte, dass unser Problem weder telefonisch noch schriftlich besprochen werden kann. Dafür ist die Angelegenheit zu delikat." Taylor schien intensiv über seine nächsten Worte nachzudenken. Dann sprach er es einfach aus: „Es gibt Anzeichen dafür, dass es in unserem Theater spukt."
Perkins und Philipp sahen ihn verwundert an.
„Ich glaube, es ist besser, wenn ich die Geschichte von Anfang an erzähle", schlug Taylor vor.
Das fand Perkins auch. Aufmunternd nickte er seinem Gegenüber zu.
„Alles begann vor ein paar Monaten. Einige unserer Darsteller waren noch spät abends in den Proberäumen, um sich auf eine bevorstehende Aufführung vorzubereiten. Schließlich, kurz vor Mitternacht, wurde die Gruppe aufgeschreckt. Von irgendwoher ertönte Gesang."
„*Gesang*!", wiederholte Perkins.

„So ist es“, bestätigte Taylor. „Natürlich dachten die Anwesenden, dass gerade eine Orchesterprobe stattfand. Doch im Nachhinein stellte sich heraus, dass die Schauspieler alleine im Theater gewesen waren. Zu diesem Zeitpunkt ging natürlich niemand von einer übernatürlichen Ursache aus. Doch dann wiederholte sich der Zwischenfall und zwar mehr als einmal - immer zur selben Zeit.“
„Immer kurz vor Mitternacht?“, fragte er nach.
Taylor nickte.
„Nun, das klingt für mich nach einer durchaus natürlichen Ursache und zwar nach einem Streich“, meinte er.
„Davon bin ich auch ausgegangen“, behauptete Taylor. „Und eigentlich bin ich immer noch dieser Meinung. Doch wie Sie sicher wissen, sind Theaterleute ein abergläubisches, fantasievolles Volk mit einem Hang zu Dramatik und Esoterik. Einige haben nachgeforscht und in der Geschichte unseres Hauses etwas gefunden, das mit den nächtlichen Störungen *kompatibel* ist.“
Also doch Hokuspokus, überlegte Perkins. „Sie meinen, es gibt eine Gruselgeschichte, die in diesem Theater spielt?“, hakte er nach.
„Wie in so manchem alten Gebäude in unserem Land.“ Wieder lächelte Taylor gequält.
„In unserem Fall handelt es sich um die Geschichte von Rosemary Reynolds, die vor etwa fünfzig

Jahren in unserem Theater Selbstmord begangen hat."
„Das klingt interessant", fand er. „Aber warum sollte diese Mrs. Reynolds nach ihrem Tod als Gespenst umhergehen - und das auch noch singend." Er hörte selbst, wie sarkastisch seine Stimme klang.
„Nun ja", begann Taylor zögerlich, „Rosemary Reynolds feierte auf unserer Bühne enorme Erfolge. Sie war eine begnadete Sängerin und Schauspielern mit einer Schar von Bewunderern und Verehrern."
„Und, was ist schief gegangen?", mischte sich nun auch Philipp ein.
„Sie hatte Pech, würde ich sagen", erwiderte Taylor. „Irgendwann begann Rosemarys Leistung nachzulassen. Das geschah nicht von heute auf morgen, es war ein schleichender Prozess. Manchmal verpasste sie ihren Einsatz oder sang eine falsche Zeile. Dann ließ sie ganze Auftritte ausfallen. Es sah auch so aus, als wäre ihre Gesundheit stark angegriffen. Eines Tages zog sie sich vollständig aus der Öffentlichkeit zurück. Vermutlich ging sie aufs Land, um sich auszukurieren. Als sie nach sechs Monaten wieder im Theater auftauchte, war ihr Stern verblasst. Ihre Bewunderer hatten sich anderen Idolen zugewandt und Rosemary völlig vergessen. Sie bekam nicht mehr die Rollen, die sie gewohnt war. Die kleineren Nebenrollen, die man ihr anbot, empfand sie als Zumutung. So kam es schließlich zu jener

Tragödie." Taylor schwieg einen Augenblick, während er offensichtlich nach den richtigen Worten suchte. „Ich erwähnte ja bereits, dass Theaterleute einen Hang zur Dramatik haben. Entsprechend kann ich für die Richtigkeit der Zeugenaussagen nicht garantieren. Angeblich hat sich Folgendes zugetragen. Spät abends, als sich kaum noch jemand im Theater befand, trat Rosemary Reynold alleine auf die Bühne. Vor leeren Rängen gab sie eine letzte Aufführung. Sie sang so gut wie zu ihren Hochzeiten. Die wenigen, die noch im Theater zu tun hatten und sie hörten, beschrieben es als eine *Ode des Abschieds*. Dann nahm sich Rosemary mit einem schnell wirkenden Gift das Leben."

„Das tat sie kurz vor Mitternacht", schloss er. „Und nun geht das Gerücht um, dass die gute Rosemary Reynolds jeden Abend zu dieser Zeit ihr Abschiedskonzert gibt, um die letzten Momente vor ihrem Tod zu wiederholen."

Das Ganze wurde Perkins langsam zu wirr. Dann fiel ihm etwas ein.

„Ich frage mich, wo Ihr Problem liegt, Mr. Taylor. Eine gute Spukgeschichte kann für ein Theater wie das Ihre durchaus von Vorteil sein."

„Unter normalen Umständen hätten Sie damit sogar recht", meinte Taylor. „Aber leider hat sich die Lage mittlerweile zugespitzt."

Jetzt stutzte er. Sein detektivischer Spürsinn sagte ihm, dass an dieser Sache doch etwas dran sein könnte.

Nach kurzem Zögern fuhr Taylor fort: „Wie Sie wissen, bin ich nur stellvertretender Intendant dieses Theaters. Bis vor Kurzem war Henry Martins erster Intendant, ein wahres Urgestein. Er hat Jahrzehnte hier gearbeitet und Rosemary Reynolds noch persönlich gekannt. Deshalb machte ihm der Spuk wohl besonders zu schaffen. Allerdings rechnete keiner von uns damit, wie schlimm es für ihn war. Jedenfalls nahm er sich vor einigen Tagen das Leben."

Langsam kommen wir zum Kern der Sache, dachte Perkins und war beinahe erleichtert. „Martins hat sich also umgebracht!", stellte er noch einmal klar. Damit sind wir eigentlich raus aus der Sache, fügte er im Stillen hinzu.

„Allem Anschein nach schloss er sich in einer der alten Garderoben ein und nahm dort ein schnell wirkendes Gift. Das hat ihn innerhalb weniger Minuten getötet. Die Polizei untersuchte den Fall natürlich und fand heraus, dass kein Fremdverschulden vorlag."

„Das Ganze geschah um Mitternacht, nehme ich an?", fragte Perkins.

„Der Tod trat wohl ungefähr um diese Zeit ein", bestätigte Taylor. „Die Fakten, wie verstörend sie auch sein mögen, sind nicht unser dringlichstes Problem.

Viel schlimmer ist es, welche Wirkung die Ereignisse auf unsere Mitarbeiter haben. Bis zum Tod unseres Intendanten empfanden die meisten von ihnen diesen *Spuk* als recht belebend. Nachdem ein Mensch gestorben war, kippte die Stimmung. Viele Schauspieler und Bühnenhelfer weigern sich, nach Einbruch der Nacht im Theater zu sein. Einige erscheinen gar nicht mehr zur Arbeit. Inzwischen kursieren auch unter unseren Gästen und Förderern Gerüchte. Noch sind die Ereignisse nicht an die Öffentlichkeit gedrungen. Doch das Ganze könnte unser Theater in eine nie dagewesene Krise stürzen."

„Na schön, Mr. Taylor", sagte er, „der Mann hat Selbstmord begangen. Was können wir denn in dieser Angelegenheit noch für Sie tun?"

Der stellvertretende Intendant straffte sich. „Sie müssen für mich herausfinden, was es mit diesem Spuk auf sich hat – genauer gesagt, wer dahintersteckt. Nur wenn das geklärt ist, werden die Gerüchte enden. Unser Theater wäre gerettet."

Na gut, dachte Perkins, das ist ein klarer Auftrag. „Das dürfte kein Problem sein", erklärte er. „Ich bin mir ziemlich sicher, dass wir dem Spuk im Theater ziemlich schnell auf die Schliche kommen. Fürs Erste würde es uns helfen, den Raum zu sehen, in dem der bedauernswerte Mr. Martins gestorben ist.

Das wird uns des Rätsels Lösung schon ein ganzes Stück näherbringen."

„Kein Problem", erwiderte Taylor schnell, offenbar froh, dass der Detektiv so schnell zugesagt hatte. Er griff nach dem Telefon, dem einzig modernen Apparat im Zimmer, und drückte eine Kurzwahltaste. „Hallo Harry, kommen Sie doch bitte in mein Büro … Ja, es geht um diese Angelegenheit. Bitte beeilen Sie sich." Mit einem Seufzer legte er den Hörer auf und wandte sich ihnen wieder zu. „Harry ist unserer Hausmeister. Er arbeitet praktisch schon sein ganzes Leben in diesem Theater und wird Sie hinführen, wo immer Sie hinwollen."

Es vergingen einige Minuten mit weiterem Geplauder, währenddem sich Perkins zusammen mit Philipp die aktuellen Programmhefte anschaute.

Schließlich wurde handfest an der Tür geklopft.

Taylor sagte: „Herein!" Ein etwas schmuddelig aussehender Mann im grauen Kittel betrat das Büro.

„Ah, Harry", grüßte Taylor. „Gut, dass Sie so schnell gekommen sind. Dies sind die Herren, von denen ich Ihnen berichtet habe. Würden Sie die beiden bitte zu der Garderobe führen, in der Mr. Martins verstorben ist?"

Hausmeister Harry brummte eine unverständliche Antwort. Dann forderte er Perkins und Philipp mit einer Handbewegung auf, ihm zu folgen. Sie taten, wie ihnen geheißen.

Mit einem Nicken verabschiedete sich Perkins von dem Intendanten. Dann verließ er hinter Harry und Philipp Taylors Büro.
In den langen Fluren des Theaters fühlte man sich endgültig in eine längst vergangene Zeit zurückversetzt. Schwere rote Vorhänge verdeckten die wenigen Fenster. So war es unmöglich, einen flüchtigen Blick auf die moderne Welt außerhalb des Theaters zu werfen. Nur die alten Gaslampen spendeten etwas Licht. Der dicke Teppich und die holzgetäfelten Wände schluckten jedes Geräusch. Zu hören war nur das Schnaufen des Hausmeisters.
„Entschuldigung, ähm, Harry …“ Perkins wusste nicht genau, wie er den Hausmeister ansprechen sollte. „Mr. Taylor sagte, dass Sie schon sehr lange hier arbeiten. Haben Sie die selige Rosemary Reynolds noch kennengelernt?“
Unvermittelt blieb Harry stehen und wandte sich ihnen zu. Sein stechender Blick ließ ihn unwillkürlich zurückzucken. „Nein“, erwiderte Harry knapp. „War vor meiner Zeit.“ Dann drehte er sich wieder um und setzte seinen Weg fort.
Philipp warf Perkins einen irritierten Blick zu. Aber ihnen blieb nichts anderes übrig, als dem Hausmeister weiter durchs Theater zu folgen.
Nach einiger Zeit kamen sie zu einer Tür, die genauso altmodisch aussah wie der Rest des Hauses. Doch augenscheinlich war sie bis vor Kurzem

polizeilich versiegelt gewesen, was die Reste des Absperrbandes verrieten.
„Während die Polizei den Tod des Intendanten untersucht hat, durfte niemand von uns da rein“, erklärte Harry. „Inzwischen ist der Raum freigegeben. Die Tür ist offen. Brauchen Sie mich noch?“
„Nein danke“, erwiderte Perkins rasch. „Den Rest schaffen wir alleine. Kann aber sein, dass wir später noch ein paar Fragen an Sie haben.“
Harry zuckte mit den Schultern und schlurfte davon.
„Dann wollen wir doch mal sehen“, sagte Perkins und öffnete die Tür. Gemeinsam mit Philipp betrat er die Garderobe.
An einer Wand stand ein Schminktisch mit einem gewaltigen Spiegel, an der anderen ein Schrank, in dem wohl Kostüme und Ähnliches aufbewahrt wurden. In der Mitte des Raumes befanden sich ein Sofa, zwei Sessel und ein Tisch. Zusammen mit der Holztäfelung und dem Teppich wirkte die Garderobe eher wie ein Wohnzimmer als wie ein Ort, an dem sich Schauspieler auf ihren Auftritt vorbereiten. Wenn nur nicht alles so verstaubt gewesen wäre.
„Den Schminktisch hat wohl lange keiner mehr benutzt“, stellte Philipp fest.
„Kein Wunder, wenn hier drin jemand gestorben ist“, erwiderte er.
Dann begannen sie damit, sich einen ersten Überblick zu verschaffen.

Viel mehr als das Offensichtliche entdeckten sie nicht.
„Nun sag doch mal, Jeremias", fragte Philipp ihn. „Was hältst du von der ganzen Sache? Glaubst du etwa auch, dass der Intendant von einem Geist umgebracht wurde?"
„Wäre zumindest mal eine spannende Geschichte", meinte er. „Aber ich gehe mehr oder weniger davon aus, dass ein Mensch dafür verantwortlich ist."
„Was meinst du mit *mehr oder weniger*?", wollte Philipp wissen.
Das brachte ihn zum Lächeln. „Du erinnerst dich doch wohl! Die Polizei hat nach ihren Ermittlungen jedes Fremdverschulden am Tod von Mr. Martins ausgeschlossen. Ohne unsere Polizei allzu sehr in den Himmel loben zu wollen, halte ich diese Ermittlungsergebnisse für zuverlässig. Also können wir davon ausgehen, dass der Intendant freiwillig aus dem Leben geschieden ist. Allerdings bin ich mir sicher, dass der Spuk ihn zu dieser Tat getrieben hat."
„Also doch was Übernatürliches?" Philipp kratzte sich am Kopf.
„Natürlich nicht!", erwiderte er. „Wer in diesem Theater auch immer jede Nacht ein Konzert gibt, Rosemary Reynolds ist es mit Sicherheit nicht. Die Frage ist nur, wer steckt dahinter und - was hat diese Person davon."

„Vielleicht ist das Ganze für diesen Jemand einfach ein riesiger Spaß“, schlug Philipp vor. „Solche Leute soll es ja geben. Inszenieren irgendwelche Geistererscheinungen und amüsieren sich köstlich, wenn alle deswegen durchdrehen.“

„Das wäre möglich“, stimmte er zu. „Allerdings, wenn das Ganze nur ein Spaß war, dann ist der Komiker gewaltig übers Ziel hinausgeschossen. Der *Scherz* hat dazu geführt, dass der Intendant dieses Theaters Selbstmord beging. Man würde doch annehmen, dass der Urheber spätestens nach dem Tod von Mr. Martins den Spuk beendet hätte. Doch nichts dergleichen geschah. Unser falsches Gespenst gibt weiter Nacht für Nacht sein Konzert.“

„Dann hat der Urheber des Spuks den Tod des Intendanten geplant oder wenigstens billigend in Kauf genommen!“, schloss Philipp.

„So ist es“, stimmte er seinem Assistenten zu. „Das wirft allerdings wieder die Frage auf, worum es ihm eigentlich geht. Hoffentlich gibt es hier einen Hinweis.“

Sie nahmen die Garderobe noch genauer unter die Lupe. Das Einzige, was sie zunächst fanden, war Staub. Als Perkins die Holztäfelung an der hintersten Wand des Raumes abklopfte, fiel ihm etwas auf.

„Na, was haben wir denn da?“, murmelte er. Mit kräftigem Druck stemmte er sich gegen das edle Holz, das mit einem Quietschen zur Seite schwang und den Blick auf einen Geheimgang freigab. „Ich wusste doch, dass die Gerüchte stimmen“, triumphierte er. „Man erzählt sich schon lange, dass es in diesem Theater nur so von Geheimgängen wimmeln soll. Hier ist der Beweis.“

„Ein *Geheimgang*!“, wiederholte Philipp. „Wie schräg ist das denn?“

„Zu der Zeit, als das Theater gebaut wurde, war das gar nicht so unüblich“, erklärte er seinem jungen Mitarbeiter. „So konnten junge Schauspielerinnen ihre Liebhaber empfangen, ohne dass es jemand mitbekam.“

„Für so etwas brauchte man damals Geheimgänge?“, fragte Philipp ungläubig.

„Es war eine andere Zeit“, erwiderte er.

„Unglaublich, dass die Polizei den Gang nicht entdeckt hat“, wunderte sich Philipp.

„Tja, augenscheinlich habe ich die Fähigkeiten unserer Ordnungshüter zu früh gelobt“, gestand er ein. „Und wenn sie da gepfuscht haben, dann vielleicht auch bei etwas anderem.“

„Du meinst ihre Einschätzung der Todesursache“, vermutete Philipp. „Dann war es vielleicht doch kein Selbstmord. Der Täter könnte diesen Gang benutzt haben, um ungesehen rein und wieder raus zu gelangen.“

„Zumindest können wir es nicht ausschließen, Philipp. Wenn wir mehr rausfinden wollen, gibt es wohl nur eine Möglichkeit. Ich hoffe, du hast deine Taschenlampe dabei."

Wenn die Garderobe schon staubig war, dann war der Geheimgang die absolute Krönung. Außerdem mussten sie sich noch durch jede Menge Spinnweben tasten. Abgesehen von ihren Taschenlampen gab es keine Lichtquellen.

Hier und da ragten Wasserrohre aus der Wand. Gelegentlich war das Huschen einer Ratte zu hören. Ansonsten fehlte jeder Hinweis auf Leben an diesem Ort. Schließlich erreichten sie einen Raum, der an einen Heizungskeller erinnerte. Die Wände waren fast völlig von Rohren bedeckt. In der Mitte standen allerlei Kisten, Kartons und eine große Stereoanlage.

„Na, was haben wir denn da!", frohlockte er. „Ich gehe jede Wette ein, dass wir hier die Lösung für den einen Teil des Rätsels haben."

„Damit wird wohl jede Nacht der Spuk inszeniert", stimmte Philipp zu.

„Da bin ich mir sicher", bestätigte er. „Dieses moderne Gerät hat bestimmt einen Timer. Wenn der richtig programmiert ist, erklingt immer kurz vor Mitternacht Rosemarys Gesang. Siehst du die Eisenrohre da?" Er wies auf das Metall an den Wänden. „Die Rohre nehmen den Schall hervorragend auf und leiten ihn in das gesamte Theater weiter. Deshalb konnte auch nie geklärt werden, woher der

Gesang stammte. Akustisch kam er praktisch von allen Seiten."

„Ja, ich glaube, du hast recht", stimmte Philipp zu. „Aber wer steckt dahinter?"

„Wir werden den Kram durchsuchen." Mit diesen Worten wies er auf die zahlreichen Kisten und Kartons. „Ich denke, dass wir darin mehr als genug Hinweise auf den Täter finden."

Danach sah es zunächst nicht aus. Als sie die Kisten unter die Lupe nahmen, fanden sie allen möglichen Krempel, aber nichts, was ihnen etwas über die Identität desjenigen verraten hätte, der das Versteck eingerichtet hatte. In erster Linie schien es sich um Andenken zu handeln: Requisiten, Kostüme und Ähnliches, auch alte Eintrittskarten und Theaterprogramme.

„Schau dir das mal an!", rief Philipp und hielt ein Foto hoch. „Ist das hier nicht der Intendant?"

Das Bild war mindestens dreißig Jahre alt. Es zeigte eine Gruppe von Menschen, darunter der deutlich jüngere Mr. Martins.

„Du hast recht, Junge. Damals war er natürlich noch nicht Intendant des Theaters. Ich glaube, Taylor sagte etwas davon, dass Martins als Regieassistent anfing und sich dann immer weiter hochgearbeitet hat. Aus dieser Zeit kannte er wahrscheinlich auch Rosemary Reynolds."

„Mag sein.“ Philipp klang nachdenklich. „Aber wie findest du das hier?“ Er deutete auf eine andere Person. „Den Typ neben Martins kennen wir doch auch!“

Perkins sah sich das Foto genauer an. Auch wenn der Mann auf dem Bild wohl gerade mal achtzehn Jahre alt war, erkannte er ihn wieder. Körperhaltung und Gesichtsmerkmale waren eindeutig. Und er entdeckte noch etwas. Auf dem Bild hatte Martins freundschaftlich die Hand auf die Schulter des jungen Mannes gelegt. „Die standen sich offenbar näher, als wir bisher dachten“, schloss er daraus.

„Denkst du, das hat etwas zu bedeuten?“, fragte Philipp.

„Das weiß ich noch nicht“, erklärte er und ließ seinen Blick erneut über die Kisten schweifen. Etwas Weißes schimmerte in einem kleineren Kasten. Das sah er sich näher an. „Interessant!“, brummte er und nahm einen Stapel Briefe heraus.

„Was hast du da?“, fragte Philipp aufgeregt.

„Siehst du doch“, meinte er leicht ungehalten und zog ein Blatt aus dem Stapel. „Wer die Briefe geschrieben hat, kann ich dir auch gleich sagen.“ Rasch überflog er die geschriebenen Zeilen und – stutzte.

„Was ist los? Was steht da?“ Philipp ahnte wohl, dass sein Chef etwas Spektakuläres gefunden hatte.

„Der Brief ist von Rosemary Reynolds." Schnell las er den gesamten Brief.
Als er fertig war, nickte er zufrieden. „Ob du es glaubst oder nicht, ich habe den Fall gerade gelöst."

* * *

Knapp eine Stunde später waren die Mitarbeiter des Theaters, neben Vincent Taylor alle Schauspieler, Bühnentechniker, Verwaltungskräfte und der Hausmeister, vor der großen Bühne des Hauses zusammengekommen.
Dem Anlass entsprechend positionierte sich Perkins mit seinem Assistenten auf den Brettern, die die Welt bedeuten, während ihre Zuschauer in der vorderen Sitzreihe Platz nahmen. Er ergriff das Wort. „Danke, dass Sie alle erschienen sind. Für den Fall, dass Sie mich noch nicht kennen sollten, mein Name ist Jeremias Perkins. Und dies", er wies auf Philipp, „ist mein Assistent Philipp Cook. Mr. Taylor hat uns damit beauftragt, die merkwürdigen Ereignisse in diesem Haus aufzuklären."
Ein Murmeln ging durch den Raum. Er ignorierte es und fuhr fort: „Ich weiß, dass viele von Ihnen der Meinung sind, der Geist von Rosemary Reynolds würde in diesem Theater sein Unwesen treiben. Unsere Untersuchungen beweisen, dass dem nicht so ist." Ohne Umschweife berichtete er von der Entdeckung des Geheimganges und der Quelle des nächtlichen Gesangs.

„Hervorragende Arbeit!“, lobte Taylor. „Dann stammt der Gesang also von einer Stereoanlage. Haben Sie auch einen Hinweis darauf, wer für das Ganze verantwortlich ist?“

„Allerdings, den haben wir!“, erklärte er bestimmt und zog den Stapel Briefe hervor. „Diese Briefe wurden von niemand anderem als Rosemary Reynolds geschrieben. Sie beweisen eindeutig, dass hinter dem falschen Spuk und dem Selbstmord von Mr. Martins viel mehr und etwas ganz anderes steckt, als alle vermutet haben.“

Erneut brach Unruhe unter den Anwesenden aus.

„Aus diesen Briefen geht eindeutig hervor, dass Rosemary Reynolds und Henry Martins vor fünfzig Jahren eine Affäre hatten, eine außereheliche Liebesbeziehung. Sponsoren und Zuschauer waren zu dieser Zeit sehr konservativ eingestellt. Martins, dem aufstrebenden Regieassistenten, hätte es mit Sicherheit geschadet, wenn seine Liaison bekannt geworden wäre. Für Rosemarys Kariere wäre es erst recht nicht von Vorteil gewesen. Deshalb wollten sie die Beziehung geheim halten. Dann änderte sich etwas. Von Mr. Taylor wussten wir bereits, dass Rosemary Monate vor ihrem Tod eine Auszeit von ihrer Arbeit im Theater genommen hatte. Der Grund dafür war allerdings nicht ihre Gesundheit – oh nein! In diesen Briefen steht Schwarz auf Weiß, dass Rosemary ein Kind erwartete.“

Ein erstauntes Raunen erfüllte den Raum. Er ließ seinen Zuhörern etwas Zeit, zu tuscheln, bevor er fortfuhr.
„Deshalb zog sie sich aus der Öffentlichkeit zurück. Sie und Martins behielten den Briefverkehr bei. Zu diesem Zeitpunkt war die Liebesbeziehung allerdings beendet. Die Briefe erzählen uns eine sehr detaillierte Geschichte. Rosemary verlangte von Martins, sich zu ihr und dem Kind zu bekennen. Der sträubte sich dagegen. Je mehr er sich weigerte, desto fordernder wurde Rosemary. Solange sie schwanger war, wagte sie es nicht, ihn persönlich zu konfrontieren. Das änderte sich jedoch, als ihr Kind geboren war. Sie gab ihren Sohn in die Hände von Bekannten und kehrte nach London zurück. Von dieser Entwicklung war Martins alles andere als begeistert. Er wagte es aber nicht, seine ehemalige Geliebte abzuweisen. Wahrscheinlich befürchtete er, dass sie die Beziehung doch noch öffentlich machen könnte."
Wieder schwieg er eine Weile.
Entsetzen und Unglauben standen in den Mienen seiner Zuhörer. Von der unschönen Geschichte abgesehen, wurden für einige von ihnen gerade Idole zerstört. Nur ein einziger Zuhörer schien nicht allzu überrascht zu sein.
„Wie Martins mit dieser Situation umging, kann man aus dem letzten Brief erschließen. Er bestellte

Rosemary für kurz vor Mitternacht zu sich, angeblich, um die Angelegenheit mit ihr zu klären. Das Nächste, was wir über Rosemary wissen, ist, dass sie tot auf dieser Bühne gefunden wurde."

Nachdem er geendet hatte, herrschte absolute Stille im Theatersaal. Es war Taylor, der das Schweigen brach: „Wollen Sie damit sagen, dass unser ehemaliger Intendant seine damalige Geliebte ermordet hat und ihren Tod wie einen Selbstmord aussehen ließ?"

„Tja, das werden wir wohl nie mit absoluter Sicherheit wissen", erklärte Perkins. „Der Fall liegt zu lange zurück. Der einzige Zeuge, Martins, ist tot. Doch ob Mord oder Selbstmord, ihn trifft auf jeden Fall eine moralische Schuld. Das war auch das Motiv desjenigen, der den Spuk inszeniert hat."

Jetzt brach Unruhe aus. Alle, bis auf einen, schauten sich überrascht an und begannen, aufgeregt miteinander zu flüstern.

Perkins ließ ihnen einen Moment Zeit, dann sagte er laut: „Dieser Jemand war kein anderer als der Sohn von Rosemary Reynolds und Henry Martins. Sein Name wird in den Briefen genannt: Harry. Und eben jener Harry kennt sich in diesem Theater sehr gut aus."

Alle Blicke richteten sich auf den Hausmeister, der mit unbewegtem Gesichtsausdruck auf seinem Platz saß.

„Ich nehme an, Sie verdächtigen mich, seit Sie den Geheimgang entdeckt haben“, meinte Harry nach einer Weile. „Da ich schon seit Jahren in diesem Theater arbeite, ist es kaum denkbar, dass mir diese Gänge entgangen sind. Vor langer Zeit habe ich sie durch einen Zufall entdeckt, aber nie jemandem davon erzählt. Den Raum, in dem sie waren, benutzte ich zunächst als Abstellkammer. Dann erkannte ich, wie gut er sich für die Umsetzung meines Planes eignete.“

Perkins nickte verständnisvoll. „In den Kisten fanden wir auch ein Bild von Ihnen und Mr. Martins. Ich nehme an, dass Ihr Vater Ihnen die Anstellung in diesem Theater besorgt hat.“

„Ja“, erwiderte Harry. „Den Intendanten habe ich immer für meinen Förderer gehalten. Als ich durch einen Zufall die Briefe fand, erkannte ich, dass er nur sein schlechtes Gewissen beruhigen wollte, weil er für den Tod meiner Mutter verantwortlich war. Ich wollte nicht, dass er sich umbringt. Ich wollte nur, dass er gesteht. Das ist wohl gründlich schiefgegangen.“

„Aber warum haben Sie den Spuk fortgesetzt?“, fragte Philipp. „Nach Martins Tod machte das doch keinen Sinn mehr.“

Auf Harrys Gesicht flackerte ein gequältes Lächeln auf. „Als mir klar wurde, dass mein Vater seine Tat niemals gestehen würde, kam mir die Idee, meiner

Mutter wenigstens ein Denkmal zu setzen. Mit dem falschen Spuk wollte ich ihr in gewisser Weise Unsterblichkeit verschaffen."

„Nun, Theaterleute scheinen wirklich hoffnungslose Dramatiker zu sein." Trotz allem musste Perkins grinsen.

„Hervorragend", freute sich Taylor. „Ich wusste, dass Sie den Fall lösen würden. Etwas wehmütig macht es mich im Nachhinein schon, dass wir nicht mit einem Geist aufwarten können."

„Es gibt Schlimmeres", tröstete Perkins. „Auch ohne Geist wird die Geschichte von Rosemary Reynolds diesem Theater ein ganz bestimmtes Flair verleihen."

Teestunde

Marion von Vlahovits

Woher kommen nur diese schrecklichen Halsschmerzen? Er will seine Frau um Quarkwickel und einen Tee bitten, aber aus seinem Hals dringt nur ein jämmerliches Krächzen. Jeder Versuch zu sprechen, verursacht höllische Qualen. Gernot versteht die Welt nicht mehr.

Gestern noch ist alles in Ordnung gewesen. Beim Abendessen hat er ohne Punkt und Komma auf seine Frau eingeredet - so wie meistens. Er weiß zu jedem Thema etwas zu sagen. Auch fühlt er sich dazu berufen, der Welt seine Meinung mitzuteilen und sie präzise zu erklären - im Detail. Egal, um was es geht, Gernot kennt die Wahrheit, verfügt über alle wichtigen Informationen und die Lösung hat er selbstverständlich auch immer parat.
Inzwischen gibt es nur noch wenige Menschen, die sich überhaupt auf ein Gespräch mit ihm einlassen. Selbst schuld. Muss die Menschheit eben ohne seine Ratschläge auskommen. Früher oder später werden sie die Wahrheit schon noch erkennen. Mit diesen Banausen hat er kein Problem. Er hat ja Erna, seine Frau. Sie hört ihm zu – zwangsläufig, nicht immer so aufmerksam, wie er sich das wünscht, aber dennoch.

Gestern lauschte sie seinem Vortrag über die Tugenden der deutschen Hausfrau sehr aufmerksam. Dabei aßen sie ihr Käsebrot und tranken einen Kräutertee - wie jeden Abend. Anschließend schalteten sie zuerst die Nachrichtensendung im Fernsehen ein und hinterher spielten sie zwei Stunden Rommé. Auch das tun sie jeden Abend, bevor sie zu Bett gehen. Auf Rituale und Zuverlässigkeit legt er größten Wert. Erna ist ihm dafür dankbar. Es macht das Leben unkompliziert.

Zugegeben, in den ersten Jahren musste Gernot viel Geduld aufbringen. Erna verstand nicht immer, warum er bestimmte Dinge genau so und nicht anders haben wollte. Aber seine Ausdauer hat sich ausgezahlt. Mittlerweile ist sie die perfekte Hausfrau. Sie kocht inzwischen fast so gut wie seine Mutter und weiß genau, welche Speisen ihm am besten munden. Am Anfang ihrer Ehe ließ sie sich von ihren Zeitschriften manchmal dazu hinreißen, fremdländische Rezepte auszuprobieren, aber er machte ihr unmissverständlich klar, was er von solchen Eskapaden hielt. Unter Tränen sah sie ein, dass solche Gerichte in einem vernünftigen deutschen Haushalt nichts zu suchen haben.

Nun achtet sie gewissenhaft darauf, nur bei deutschen Lebensmittelläden einzukaufen, auch wenn das inzwischen gar nicht mehr so einfach ist. In ihrer Nachbarschaft gibt es nur noch einen Tante-

Emma-Laden, der nicht von Türken oder anderen Ausländern geführt wird. Die Auswahl an frischen Lebensmitteln ist dort etwas eingeschränkt, aber Gernot hat nun mal seine Vorlieben und Erna bekommt dort alles, was dafür nötig ist. So ist sie auch nicht allzu lange außer Haus unterwegs und kann ihren häuslichen Pflichten nachkommen.

Nur den Kräutertee führt der Tante-Emma-Laden nicht. Den besorgt sie immer am ersten Montag des Monats im Teeladen am Marktplatz. Nur dort gibt es Gernots Lieblingsmischung, die ihm schon seine Mutter jeden Abend zubereitet hat.

Ach, seine Mutter, Gott hab sie selig! Sie ist der Inbegriff der fürsorglichen Ehefrau und Mutter gewesen. Von ihr hat Erna viel gelernt. Um ihrer unerfahrenen Schwiegertochter zu helfen, verzichtete seine Mutter völlig selbstlos auf eine eigene Wohnung, nachdem er ihr von Ernas missglückten Kochversuchen berichtet hatte. Innerhalb eines Monats löste sie ihre Eigentumswohnung auf und zog ohne Umschweife bei ihnen ein. Sogar ihre wunderbare Eichenholzschrankwand hat sie ihrem Sohn und ihrer Schwiegertochter geschenkt.

Erna sah sofort ein, dass das einfache Wohnzimmerregal, das sie am Anfang ihrer Ehe gemeinsam ausgesucht hatten, viel bessere Dienste im Vorratskeller leisten konnte.

Wirklich! Er kennt keine andere Frau, die so voller Hingabe für ihren Sohn sorgt. Seine Mutter brachte Erna alles bei. Nicht nur, dass sie mit ihrer Schwiegertochter jedes seiner Lieblingsgerichte gekocht hat, bis Erna die Rezepte in Fleisch und Blut übergegangen waren. Sie zeigte seiner Frau auch, wie seine Hemden gebügelt werden mussten.
Es ist nun mal unbedingt erforderlich, dass seine Hemden absolut faltenfrei und makellos auf ihren Bügeln im Kleiderschrank hängen. Schließlich muss ein Mann in seiner Position stets vorbildlich gekleidet zum Dienst erscheinen. Auch seine Stoffhosen, alle in dezentem Grau gehalten, warten mit einer exakt geplätteten Bügelfalte im Schrank auf ihren Einsatz.
Wochenlang hat seine Mutter mit Erna geübt, bis seine Frau die Technik zu ihrer und seiner Zufriedenheit beherrschte. Ebenso viel Zeit war nötig, bis Erna die Regeln für das abendliche Rommé-Spiel verstand. Auch wenn sie nie das Niveau seiner Mutter erreicht hat, ist sie inzwischen doch eine leidenschaftliche und konzentrierte Spielerin. Erst vor ein paar Tagen hätte sie fast gegen ihn gewonnen. Das hat bisher nur eine Frau geschafft.
Leider ist seine geliebte Mutter schon seit zwei Jahren tot; sie starb nach einer kurzen, aber heftigen Grippe. Dabei klagte sie über heftige Halsschmerzen. Selbst den Kräutertee, den Erna ihr liebevoll

Löffel für Löffel einflößte, konnte sie nur unter Schmerzen schlucken.
Seine Mutter! Wie sehr sie ihm fehlt. Es vergeht kein Tag, an dem er Erna nicht daran erinnert, was für eine wunderbare Frau sie war. Auch wenn er heute nur ein Krächzen hervorbringt, Erna weiß, woran er gerade denkt. Schließlich vermisst sie diese wunderbare Frau genauso wie er und so verbringen sie ein paar Minuten in stummer vereinter Trauer.

»Armer Gernot, ich habe dir deinen Tee zubereitet. Bald ist dein Leiden vorbei, du wirst sehen.« Zärtlich streichelt Erna ihrem Mann über die Stirn. Dann flößt sie ihm den Tee mit einem liebevollen Lächeln Löffel für Löffel ein.

Letzte Chance

von Marion von Vlahovits

Dieses Mal würde er alles richtig machen. Keine Fehler mehr. Es würde absolut perfekt sein. Patrick ahnte, dass seine letzte Chance gekommen war. Dennoch war er erstaunlich ruhig. Endlich! An diesen Punkt zu gelangen, hatte Jahre gedauert. Viele gescheiterte Versuche und fehlgeschlagene Anläufe lagen hinter ihm. Aber nun war er bereit. Alles war präzise geplant. Jedes Detail hatte er bedacht. Es konnte nichts mehr schiefgehen.
Noch einmal atmete er tief durch. Schritt für Schritt visualisierte er das, was nun geschehen würde, mit geschlossenen Augen. Wie ein Film liefen die nächsten Minuten vor seinem inneren Auge ab. Ein freudiges Kribbeln erfasste seinen Körper, sein Mund verzog sich von selbst zu einem etwas dämlichen Grinsen, Adrenalin strömte in seinen Körper. Ja, genau so würde es ablaufen. Ein vollkommener Moment. Für die Ewigkeit geschaffen. Sein Leben würde von nun an ganz anders sein - besser., glücklicher, einfach vollkommen.
Entschlossen griff er zum Telefon und wählte eine Nummer. Es war die Nummer, die er schon vor Jahren geübt und auswendig gelernt hatte, damit er sie im entscheidenden Moment verwenden konnte.

Das nun folgende Gespräch hatte er mehrmals geprobt. Allerdings hatte er dabei eine Sache ganz bewusst *verkehrt* gemacht. Anstatt zuerst den Hörer abzuheben und dann die Nummer zu wählen, hatte er es absichtlich immer umgekehrt gemacht. Dieser Zwischenschritt war nötig gewesen - ein Training für den heutigen Tag.

Während er dem Klingelton lauschte, erwartete er voller Spannung die Stimme am anderen Ende der Leitung.

Rring. Es würde eine männliche Stimme sein, selbstbewusst, aber mit einem warmen Klang. *Rring.* Eine Stimme, die seinen Anruf bereits seit Jahren erwartete - voller Sehnsucht und Vorfreude.

Rring. Oh ja, alles war genau so, wie es sein sollte.

Rring. Ein Knacken in der Leitung. „Ja, hallo, wer spricht da bitte?"

Sofort wandelte sich sein Gesichtsausdruck und sein selbstbewusstes Grinsen verschwand. Schock und Entsetzen spiegelten sich in seinen Augen und verursachten das hilflose Stakkato, das über seine Lippen in die Sprechmuschel des Hörers entwich: „Ppp… Pa… Pa…!"

„Wer ist da? Ich kann Sie nicht verstehen."

Die Stimme klang gar nicht freundlich, fast schon aggressiv. Sie war hoch, um nicht zu sagen schrill. Das war kein Mann, sondern eine Frau. Irgendetwas stimmte hier ganz und gar nicht. Jetzt ganz ruhig weiteratmen, ermahnte er sich stumm. Keine Panik, Patrick, alles wird gut. Du musst dich an den Plan halten. Denk nach! Was wolltest du sagen? Tu es einfach! Zieh es durch! JETZT!

Mit klopfendem Herzen setzte er zu einem zweiten Versuch an: „Ppp..."

Da hörte er, dass am anderen Ende der Leitung aufgelegt wurde. Überrascht starrte er auf das Telefon in seiner Hand. Langsam legte er den Hörer auf. Abgrundtiefe Verzweiflung schwappte wie ein Tsunami über ihn hinweg. Er griff nach dem Glas, das auf dem Tischchen vor ihm stand, und trank es ohne Zögern aus.

* * *

Eine Woche später öffnete die Polizei Patricks Wohnungstür. Nachbarn hatten einen eigenartigen Geruch gemeldet. In einem schäbigen alten Sessel fanden sie die Leiche. Auf dem Tischchen daneben stand ein Telefon. Außerdem lag dort ein Zettel. Darauf standen nur vier Buchstaben: *PAPA.*

Beim Versuch, Patricks letzte Stunden zu rekonstruieren, wurde auch die Wahlwiederholung am Telefon überprüft. Es stellte sich heraus, dass Patrick P. kurz vor seinem Freitod mit dem Pfarrbüro einer katholischen Kirche telefoniert hatte.

Lektorin

Carolin Olivares Canas

Seit der Verlagsgründung 2015 arbeitet die Lektorin mit dem *Kelebek Verlag* zusammen. Sie ist Ethnologin, Sozial- und Bibliothekswissenschaftlerin, lebt mit ihrer Familie in Mainz. Ob als Wissenschaftlerin, Lehrerin oder Autorin – immer hatte sie mit dem Schreiben und Überarbeiten von Texten zu tun.
Als Bibliothekarin gehörte es zu ihren Aufgaben, den Buchmarkt, insbesondere den Kinderbuchmarkt, im Auge zu behalten. Seit 2015 ist sie ausschließlich als freie Lektorin tätig.
www.olivares-canas.com/

Anhang Autoren:

Britt Älling

ist eine vielseitige Autorin und Illustratorin, die sich auf Kinderbücher und Märchen spezialisiert hat. Zu ihrem Repertoire zählen jedoch auch Fantasy- und Romance-Erzählungen. Ihre Geschichten veröffentlicht sie seit 2021. Zuvor war sie lange Jahre in den Bereichen Personalwesen, Vertrieb und klinischem Training tätig. Neben Abschlüssen in Jura und Biologie absolvierte sie eine Weiterbildung als Journalistin am Deutschen Journalistenkolleg. Seit 2015 kämpft sie mit der chronischen Erkrankung ME/CFS. Ihr Beitrag zur Anthologie „Verbrecherjagd vor Mitternacht" markiert ihren ersten Ausflug in das Krimi-Genre.
www.brittaelling.de

Sarah Drews

wurde 1983 in Hamburg geboren. Mittlerweile lebt sie mit Mann und vier Jungs in der Nähe von Hamburg. Nach einer klassischen Ausbildung in der Gastronomie erweckt die Autorin seit 2016 ihre eigenen Geschichten zum Leben. Inzwischen hat sie Kurzgeschichten in diversen Anthologien veröffentlicht.
Ihr erster Roman *Magie der Angst – Kimberlys verhängnisvolle Entscheidung* wurde 2018 im *Kelebek*

Verlag veröffentlicht. *Das Gruselhandy – Ausgespielt* folgte 2020.
https://www.sarahs-buecherwelt.de/

Peter Futterschneider

liebt Theater und Musik. 1995 fand er zum Amateurtheater. 1999 schrieb er sein erstes Theaterstück, das viele Jahre in der Schublade blieb. Seit 2015 widmet er sich neben Theaterstücken auch Kurzgeschichten und Kinderbüchern. Dafür hat der Autor das Projekt GROLLUNDSCHMOLL (eingetragene Marke) angelegt. Bisher sind zweiundzwanzig Theaterstücke bei GROLLUNDSCHMOLL zu finden. Sie können über den Theaterverlag *adspecta* bezogen werden. Darüber hinaus erschienen 2017 die Kurzgeschichte *Wolfi* in der Anthologie *Tschüssikowski* von Manu Wirtz sowie die Kinderbücher *Im Land der Leuchtkäfer* und *Prinzessin Grenzenlos*. 2018 folgte das Kinderbuch *Der Riese Schmoll*.
https://www.grollundschmoll.de/

Hans-Ulrich Rinkelsbach

Katzenjammer ist die erste Kurzgeschichte von Hans-Ulrich Rinkelsbach. Der gebürtige Schweinfurter lebt seit den Achtzigerjahren in Braunschweig. Bei seinen Spaziergängen durch das östliche Ringgebiet kam ihm in den Sinn, dass ein Verlag gut in eine der alten Villen passen würde. Ob ihn diese erste Geschichte motiviert, mehr zu schreiben? Man weiß es nicht.

Martina Türschmann

wurde 1964 in Frankfurt am Main geboren. Heute lebt die Autorin mit ihrem Mann und den erwachsenen Töchtern in der Nähe von München. Nach einer Ausbildung zur Biologielaborantin studierte sie Betriebswirtschaft. Mittlerweile schreibt sie nicht nur Bücher, sondern auch Theaterstücke für Kinder. Außerdem bietet sie bundesweit Lesungen für die zweite bis fünfte Klassenstufe an.
Ihr Motto: Fantasie anregende Abenteuer helfen Kindern bei den täglichen Herausforderungen.
https://www.miesegrimm.de/

Anna K. Wilhelm

lebt mit Hund und Katz in einer idyllischen Kleinstadt in Bayern.
Seit vielen Jahren erfindet sie Kurzgeschichten. Erst im Rentenalter hat sie sich die Zeit genommen, diese aufzuschreiben. Ihre Kurzkrimis sind fiktiv, spielen aber in realen Umgebungen, die namentlich nicht benannt werden.

Sascha Zurawczak,

geboren 1991, begann bereits mit sechzehn Jahren zu schreiben. 2010 gab er den ersten Band seiner *Lagrosiea-Trilogie* im Selbstverlag heraus. Sein bevorzugtes Genre ist Fantasy. 2023 erschien sein erster Mystery-Thriller im *Kelebek Verlag*. Mit im Team ist seine Mutter Cornelia. Als Ausgleich zum Schreiben verbringt Sascha viel Zeit mit Fahrradtouren durch die schöne Natur Norddeutschlands. Neben seinem Beruf und dem Schreiben bleibt kaum Zeit für weitere Hobbys.
https://saschazurawczak-autor.jimdo.com/

Marion von Vlahovits

wurde in Enid, Oklahoma, geboren. Heute lebt die Autorin im Landkreis Regensburg. Sie ist verheiratet, hat zwei erwachsene Söhne und unterrichtet als Sonderschullehrerin in einem Förderzentrum. Seit einigen Jahren schreibt sie Gedichte und Kinderbücher. Ihre Gedichte erscheinen regelmäßig in Anthologien und auf Grußkarten im *Verlag am Eschbach*. Ihr erstes Kinderbuch *Julian und die Wutsteine* erschien 2013 im *Papierfresserchens MTM Verlag*. Vor allem die Reihe um *Inspektor Gino*, den Hundedetektiv, spielt eine große Rolle in ihrem Leben als Autorin.
https://marionsgeschichtenwerkstatt.jimdo.com/